A Aprendiz do Amor

A aprendiz do amor

1-8-15-5.000

Direção editorial: **Flávio Machado**
Coordenadora editorial: **Isabel Ferrazoli**
Capa: **Clayton Torres**
Imagem da capa: **Romolo Tavani, Freesurf | Dollar Photo Club**
Projeto gráfico e editoração: **Traço & Compasso Estúdio**
Produtor gráfico: **Vitor Alcalde L. Machado**
Preparação: **J. Augusto Nascimento**
Revisão: **Danielle Mendes Sales**
Impressão: **Cromosete - Gráfica e Editora Ltda.**

Ficha catalográfica elaborada por
Lucilene Bernardes Longo – CRB-8/2082

Forni, Ricardo Orestes
A aprendiz do amor / Ricardo Orestes Forni. – São Paulo: Petit, 2015. 192 p.

ISBN: 978-85-7253-299-0

1. Espiritismo 2. Romance espírita I. Título.

CDD: 133.93

Impresso no Brasil, no inverno de 2015.

Ricardo Orestes Forni

A Aprendiz do Amor

petit editora

Rua Atuaí, 389 – Vila Esperança/Penha
CEP 03646-000 – São Paulo – SP
Fone: (0xx11) 2684-6000
www.petit.com.br | petit@petit.com.br

CONFORME NOVO ACORDO ORTOGRÁFICO

O amor de plenitude

"Esse amor não pede e sempre doa; não tenta modificar os outros e sempre se aprimora; não se rebela nem se decepciona, porque nada espera em retribuição; não se magoa nem se impaciente – irradia-se, qual mirífica luz que, em se expandindo, mais se potencializa.

Porque esse amor não tem apego, nunca é possessivo, portanto faz-se libertador, infinito, não se confundindo com a busca do relacionamento sexual, que pode estar embutido nele, sem lhe ser causalidade. O prazer que gera na comunhão dos sentidos não é fundamental, embora seja contributivo. (...)

Para esse amor de plenitude torna-se indispensável uma entrega autêntica, sem subterfúgios, sem aparências, fazendo-se que sejam retiradas as máscaras e as sujeições."

Joanna de Ângelis, *O ser consciente*, páginas 155 e 156, capítulo 9.

Sumário

No gabinete do Ministro

Se posso sugerir alguma leitura a você, amigo leitor e prezada leitora, leia o capítulo 13, página 73 do livro *Nosso Lar*, do Espírito André Luiz, cujo título é o citado acima.

Para facilitar o seu trabalho, vamos resumi-lo sem, contudo, dizer com isso que você deve dispensar a sua atenção integral ao texto original pelos ensinamentos preciosos que essa página contém.

Nesse capítulo encontramos o Ministro Clarêncio ouvindo os rogos de uma mãe para que pudesse amparar os filhos em dificuldades várias, encarnados no planeta.

A senhora apresentava a figura de uma matrona, com seus cabelos encanecidos e face impregnada de intensa dor. Essa mãe desencarnada suplicava ao Ministro a sua permissão para cumprir a tarefa de socorrer os filhos queridos do seu coração. Fez o pedido e desfez-se em lágrimas abundantes.

Entretanto, o Ministro permaneceu impassível e passou a esclarecer à suplicante que, quando desejamos servir a alguém, precisamos aprender a desenvolver o espírito de auxílio em relação a todas as criaturas. É preciso trabalhar e aprender. Um pai terrestre, esclarecia-lhe Clarêncio, que deseja prover seus familiares do necessário dentro do lar, tem necessidade de trabalhar para obter os créditos que permitam concretizar seus objetivos. A mãe que suplicava havia sido convidada por ele para trabalhar em diversos locais na colônia Nosso Lar e não se adaptara em nenhum setor. Estivera no Ministério da Comunicação, entre os irmãos da Suportação, na enfermagem dos Perturbados e no Ministério do Esclarecimento. Em todos esses locais dera desculpas para não permanecer em serviço.

Assim que explicou à senhora suplicante essa realidade, perguntou-lhe quantos anos havia que estava em Nosso Lar, ao que ela respondeu-lhe informando que havia mais de seis anos! E quantos bônus-hora tinha ela adquirido nesse tempo todo? A resposta foi de estarrecer: apenas 304! Se fizermos as contas, concluiremos que a mãe suplicante trabalhara apenas sete dias durante os mais de seis anos na colônia que a amparava! Não detinha, definitivamente, créditos suficientes para ter seu pedido atendido.

No final da conversa do Ministro Clarêncio com a mãe sofrida, eis que surge uma sentença abaladora de qualquer comodismo, seja dos desencarnados como dos encarnados.

Diz textualmente o Ministro: "*Os que não cooperam não recebem cooperação. Isso é da lei eterna*".

Você já imaginou essa mesma afirmativa com relação a qualquer um de nós ao retornarmos ao mundo espiritual? Quantos anos você esteve no corpo? E quais são os seus créditos pelo trabalho realizado em favor dos mais necessitados enquanto esteve na escola da Terra?

Nós nos calamos para que cada um faça as suas contas...

Homenagem e esclarecimento

Jerônimo Mendonça, esse Espírito vitorioso diante das provas e expiações pelas quais transitou em sua recente estadia entre os encarnados, contava uma bonita história de um jardineiro que enviava tijolos de luz para o outro lado da existência por meio das muitas obras no bem de que participava enquanto encarnado. Com esses tijolos construiu ao longo dos anos de sua existência uma morada resplandecente na outra dimensão para onde nos dirigimos, mais dia, menos dia, creiamos ou não. Obviamente que "tijolos de luz" é uma linguagem figurada de que se valeu o nobre Espírito para se referir aos méritos que transferimos para o plano espiritual e que nos permitem plasmar as construções existentes naquela dimensão da vida, a partir dos nossos pensamentos. Na narrativa do romance, utilizamos essa mesma forma de expressão, querendo nos referir aos méritos transferidos para a dimensão espiritual pela pessoa que pratica o bem, o que lhe possibilita a manipulação da substância etérea daquela dimensão.

Na década de 1980, Jerônimo fez palestras pela região de Tupã, onde moramos, e na cidade de Rancharia, onde fui vê-lo e ouvi-lo. Fiquei deslumbrado diante daquela figura inerte em um leito de dor e que se movimentava muito mais do que os que possuíam pernas e braços perfeitos, além de enxergarem perfeitamente. Apesar de cego, enxergava muito além do que aqueles que possuíam a luz dos olhos físicos. Apesar de paralítico, trabalhava no campo do amor ao semelhante incomparavelmente mais do que um atleta bem condicionado.

Jerônimo considerava-se o aprendiz do jardineiro da história que ele mesmo contava.

Quando me aproximei, ele, sempre sorrindo, apesar das dores que o torturavam no leito rústico que o levava por todo o Brasil, perguntou-me quem eu era. Na minha ignorância sobre meus próprios defeitos, respondi-lhe que eu era o aprendiz do aprendiz de jardineiro. Quanta ignorância de minha parte! Hoje estou consciente para responder, se indagado fosse por Jerônimo, que não passo dos espinhos que ferem as mãos abençoadas daquele jardineiro do Amor.

Daqui há muito tempo, que só o relógio da Providência Divina é capaz de prever, quando o próprio Jerônimo for uma rosa de luz no jardim da existência, talvez eu inicie o meu aprendizado como aprendiz do aprendiz de jardineiro que ele foi.

Como o elegemos como patrono do Clube do Livro Espírita da cidade de Tupã, iniciado em setembro de 1987, aproveitamos este livro simples, feito para as pessoas simples de espírito, para render insignificante homenagem a esse Espírito. Ele, que tão grande se soube fazer diante das dificuldades que se levantaram em seu caminho, transpondo-as, uma a uma, enviando uma "olaria de luz" para o outro lado da vida onde se instalou e de onde continua a trabalhar em determinação aos ensinamentos de Jesus quando afirmou em João 5,17: "Meu Pai trabalha até agora, e eu trabalho também".

1

O castelo

O sol da bela manhã de primavera espreguiçava-se debruçado sobre as colinas ao longe lançando luz sobre aquela região do planeta. As gotas de orvalho derramadas sobre as folhas das plantas escorriam molemente como que empurradas pelo calor do astro-rei. Os pássaros de tipos variados, ao contrário dos homens, acordavam chilreando, saudando o novo dia de vida que se anunciava no horizonte onde a terra parecia elevar-se para tocar o azul do céu. As águas do riacho deslizavam como serpentes dóceis vencendo os obstáculos naturais do caminho em direção ao rio. Uma brisa suave como o voo do beija-flor acariciava a tudo e a todos agradecendo a oportunidade de servir.

No meio da planície extensa, em uma elevação do terreno propositadamente aproveitada, erguia-se a fortaleza de um imponente castelo. Lá viviam felizes o rei, sua esposa e a filha. Angélica, a filha única do casal, dormia os últimos minutos do sono tranquilo da noite cujas estrelas se apagavam uma a uma escondendo-se na tela do infinito. Serviçais os mais variados percorriam em seu trabalho os diversos locais do castelo para dar atendimento a todas as necessidades da família real.

A jovem princesa movimentava levemente a cabeça encimada por grossas tranças loiras que mais pareciam um coroa de ouro puro adornando o rosto da moça. Como era bela! As pálpebras semicerradas deixavam entrever dois fragmentos de um céu azul de rara beleza que davam tom àqueles olhos jovens e faceiros. A pele parecia composta da mais fina porcelana. Alva como uma alma de grande pureza. O corpo bem proporcionado apresentava uma cintura bem delgada, compondo, com o quadril e o busto, medidas invejáveis.

Angélica afastou molemente o lençol perfumado da cama entalhada em madeira de grosso calibre e cercada por uma cortina delicadamente rosa, com detalhes florais que pareciam exalar o aroma das flores ali bordadas com grande destreza.

Espreguiçou-se como a espantar o sono de uma vez do corpo jovem. Em pé no quarto, as madeixas claras escorriam-lhe até a linha da cintura, acentuando-lhe ainda mais a beleza física. Era uma princesa digna em sua beleza da posição real que ocupava. Aproximou-se da pequena janela, oval na porção superior e de linhas retas na parte inferior. Abriu-a indolentemente como se quisesse que o dia entrasse aos poucos na penumbra do quarto que se despedia aos primeiros raios de sol. A brisa atrevida penetrou no recinto transportando o aroma delicado de flores cultivadas pelo jardineiro dedicado do castelo, que, àquela hora da manhã, já estava a postos cumprindo seu dever no palácio austero. Além do aroma das flores, o canto dos pássaros, que voavam de um local para outro, emprestava o som dos seus chilreios ao ar que penetrava atrevido no aposento da jovem princesa.

Contemplou a linha do horizonte e viu o sol altivo a levantar-se por sobre as colinas dando prosseguimento a sua caminhada.

"Que belo dia de primavera!", pensou Angélica. "Teremos mais um dia com muita luz como uma recompensa pelo período triste do inverno que já se foi", completou o raciocínio.

Acionou uma pequena sineta, e duas moças de idade semelhante à dela adentraram o recinto. Uma delas era Luiza, a servidora e amiga de mais tempo.

Luiza era uma jovem morena de cabelos negros e longos até a linha da cintura. Nela, a princesa Angélica depositava toda a confiança por ser a mais antiga das jovens que a acompanhavam, como era de costume na época. Os olhos amendoados, cílios longos, boca com belos contornos, corpo bem proporcionado, cintura fina, medidas do quadril e busto que se ajustavam com harmonia permitiam que vários homens da corte vissem nela uma bela esposa. Infelizmente os jovens que poderiam desposá-la e conferir-lhe um lugar de mais destaque na sociedade não tinham boas intenções diante de sua beleza. Queriam apenas os prazeres de aventuras passageiras e sem compromisso maior. Luiza era filha bastarda de uma plebeia, belíssima, que servia no castelo a um nobre da corte. A condição de sua mãe impunha à Luiza muita revolta, fazendo com que a jovem vivesse fechada em si mesma, apenas sendo cordial com a princesa, a quem cabia o dever de servir sempre de bom humor. Esse estado emocional de revolta íntima dava acesso a Espíritos voltados ao mal que insuflavam sentimentos de inveja e de mais revolta contra os fatos de sua vida. Entretanto, os belos sentimentos de Angélica não percebiam o que se passava com a sua "leal" servidora, a preferida entre todas.

– Pois não, princesa! – respondeu Luiza.

– Preparem-me o banho. Não quero água muito quente. Apenas morna. O calor excessivo deixa-me com certa moleza e desejo de retornar ao leito.

Angélica havia feito o pedido a duas de suas serviçais, que movimentaram-se para providenciar o cumprimento da ordem recebida.

– Cuidem também do meu vestido bordado com os motivos das rosas que crescem em volta do castelo. Ao usá-lo, sinto até mesmo o aroma das flores dos jardins rigorosamente cuidadas pelas mãos do jardineiro de meu pai – complementou a princesa.

– Sim, senhora princesa! – foi a resposta ouvida.

– Ah! Tem mais. Quero também a presilha para os meus cabelos trabalhada com pequenas pedras de esmeralda e o camafeu de tom esverdeado, presente da senhora, minha mãe.

– Assim será, princesa – respondeu uma das serviçais.

A linda princesa banhou-se demoradamente na água com temperatura agradável, depositada em uma banheira confeccionada com fina louça em sua parte interna. No líquido morno, foram acrescentadas pétalas de rosas colhidas no jardim do palácio. Apenas cuidou para que as longas tranças não ficassem umedecidas, pois daria muito trabalho secá-las e confeccionar o penteado mais adequado.

Após enxugar-se, colocou o vestido escolhido, que lhe caiu de maneira a destacar ainda mais a sua beleza. Aspergiu delicadamente um perfume, presente do seu pai, no colo alvo enfeitado com o camafeu onde predominava a cor verde a combinar com as pedras da presilha das tranças douradas e fartas.

Mirou-se no espelho oval e amplo colocado em um dos cantos do aposento. Estava bela como sempre. A cintura delicada. O espartilho a dar forma mais ousada ao seu busto. O decote discreto a expor o camafeu. A saia bem armada sobre dispositivo adequado que a sustentava vaporosa. Era realmente bela a princesa Angélica!

Sua beleza física, no entanto, era superada pela beleza interior. Alma sensível, apesar da pouca idade do corpo na atual existência, o espírito já tinha angariado determinada noção de valores morais na trajetória evolutiva. Dessa forma, Angélica era observadora atenta dos fatos da vida e buscava respostas para aquilo que sua sensibilidade percebia, conciliando Deus com os acontecimentos que observava atentamente.

Com a porta do quarto aberta pelas duas jovens serviçais, a princesa começou a descer a longa escadaria de madeira de lei que dava acesso a uma sala ampla onde se encontrava uma farta mesa com os alimentos para o desjejum do rei, sua esposa e dela mesma.

Sobre a mesa bem grossa, estavam distribuídos diversos tipos de carne, fruto da caça que o pai realizava pelos bosques do castelo. Geleias confeccionadas pelas mãos hábeis das cozinheiras que serviam a família real também compunham as delícias daquela e de todas as manhãs no castelo, assim como frutas características da região onde moravam e sucos diversos para os paladares mais exigentes. Tudo servido em baixelas de fina prataria, copos de cristal, talheres de luxo. Enfim, nada destoava daquilo que a realeza exigia. Ah! Sim. O monarca determinava que o ouro fosse o componente do rico recipiente de onde sorvia, como a abelha da flor, o seu requintado e diário vinho.

Diante do rei, Angélica fez-lhe a reverência que o protocolo exigia. Logo após ouviu o elogio do pai orgulhoso:

– Mas como está moça e bela a minha menina! Parece até que um pedaço do céu desprendeu-se e caiu em nosso castelo, não é, mulher? – perguntou o rei dirigindo-se à rainha.

– Sem dúvida, senhor meu rei. Angélica parece um anjo que se desviou do caminho do céu e veio enriquecer nosso reino. É de uma beleza rara não encontrada facilmente em nenhuma parte de nossas terras e nem de outras, por mais distantes que sejam, acredito eu.

– Escolherá nosso futuro genro com toda a autoridade da moça mais bela do reino! Fico a imaginar como os corações dos jovens estarão inebriados pelo sonho de um dia tê-la como esposa. Se eu fosse um desses moços, tudo faria para consegui-la ter ao meu lado para sempre.

– Ah! Senhor meu rei e pai. Suas palavras nascem de um coração apaixonado de pai, e não da realidade da vida – interferiu com o rosto avermelhado pelas palavras paternas.

– Por que, minha filha? Por acaso existe algum tolo do meu reino que não tenha admirado a sua beleza invulgar?

– Meu pai, sou muito jovem e não tenho observado se existe algum interessado na minha pessoa. Não tenho planos para o casamento tão cedo. Sou completamente feliz em nosso castelo. Por que haveria de afastar-me de meu rei e de minha mãe que representam toda a minha felicidade?

– Mas, Angélica, minha filha. Já tem 16 anos! Não é cedo para pensar em casamento. Sua mãe e eu queremos ter nossos netinhos, sangue de nosso sangue real, brincando por este castelo! Deus só nos permitiu uma filha e a fez com toda a beleza digna de uma corte! Por isso mesmo desejamos, sua mãe e eu, ser acariciados pelas mãos infantis de vários netos!

– Fico feliz em saber, meu pai. Um dia, prometo, pensarei de forma mais séria sobre isso. No momento, como já disse, vocês são o meu tesouro e o castelo, meu pedaço de céu aqui na Terra. Quem está no céu pode desejar mudar-se de tal lugar, meu rei e meu pai?

– Meu anjo de luz! Eu lhe daria o paraíso por onde você andasse, minha filha. Com todo o meu poder colocaria o céu aos seus pés todos os dias da minha vida. Uma estrela de rara beleza, como você, merece estar exatamente nesse lugar, e não no firmamento só à noite, para que a contemplássemos daqui de longe em nosso castelo! Creio que foi um descuido de Deus que a deixou deslizar firmamento afora e vir a ter conosco para a nossa completa felicidade. Somos o único rei e rainha que temos nossa estrela particular bem ao alcance de nossas vistas e ao toque de nossas mãos!

Dizendo isso, o rei levantou-se da pesada cadeira em que se achava instalado, tomou as mãos da filha e as beijou apaixonadamente. Naquele castelo a felicidade fazia morada. Mas que não se enganassem! O rei era extremamente amoroso apenas quando não contrariado em seus desejos. Quando contrafeito, assumia atitudes sequer imagináveis de quem o visse nesses momentos em que tudo se passava segundo sua vontade. Quando satisfeito e atendido em suas intenções, um céu azul de tranquilidade. Porém, caso contrariado, um horizonte de tempestades ferozes era capaz de se abater contra quem assim ele julgasse merecedor, até mesmo sobre a própria filha. Quanto mais sobre aqueles que não pertencessem à família real.

2

As indagações

Angélica sentou-se à mesa com toda elegância e beleza. Parecia que representava o sol dentro das paredes de pedras espessas do castelo. Serviu-se muito pouco da variedade de alimentos que a mesa farta oferecia. Voltou-se ao rei e indagou:

– Senhor, meu rei e meu pai. O senhor disse há pouco, movido pela bondade que o caracteriza, que me daria o céu onde estivesse.

– Disse e repito, meu anjo – replicou cheio do orgulho que a posição social lhe conferia. – Até mesmo no inferno, para onde um anjo como você jamais irá, providenciaria um pedaço do céu para você.

– Tenho pensado muito sobre o que acontece com todos nós após a morte, meu rei.

– Angélica! Você nem começou a viver e está a pensar na morte? E posso saber em que pensa, minha filha?

– Para onde iremos todos após esta vida, meu pai.

– Ora, ora! Somos uma família real! De alguma forma, representamos Deus na Terra! Para onde poderemos ir após a morte senão para o mesmo lugar onde o Criador está sentado em seu trono?

– Mas e os outros homens, mulheres e crianças, meu pai? Para onde irão? Não possuem o sangue real como o nosso! São pessoas simples. Trabalham no campo para viver. Possuem as mãos calejadas pelos instrumentos que movimentam para trabalhar. Para onde irão essas pessoas, meu rei?

– Para onde Deus quiser, Angélica. Isso não é problema meu, mas Dele, que permite que homens, mulheres e crianças nessas condições existam.

A jovem princesa baixou sua cabeça em direção ao prato com pouco alimento à sua frente procurando entender a explicação do senhor, seu rei.

"Estaria ele correto em sua justificativa?", pensava ela. "O problema seria mesmo de Deus? Os religiosos, os aristocratas, as pessoas de destaque na sociedade teriam o céu como herança pela posição social a que pertenciam? E as pessoas humildes, porém honestas, desprovidas de títulos, teriam outro destino?"

Alguma coisa soava estranha para ela.

"As peças não se encaixavam harmonicamente", continuava a princesa pensando sem nada pronunciar.

– O que foi, Angélica? – soou a voz do rei quebrando o silêncio à mesa.

A moça, despertada de suas indagações íntimas, como que retornou ao ambiente de onde se afastara para meditar em local distante.

– Está tudo bem, meu rei. Apenas estava pensando sobre as explicações de meu pai.

– Filha! Por que não ordena que sua carruagem seja preparada e não percorre o campo até a vila próxima para arejar seus pensamentos? Ainda a cismar com a morte quem tem a vida pela frente? Quisera eu ter a sua idade e estar na mesma posição em que você se encontra neste castelo! Nem a morte iria me assustar porque não pensaria sobre ela, mas sim na vida abundante que você tem pela frente, meu anjo. Vá aproveitar essa manhã de sol para respirar a vida no ar que circula. Repare nas rosas do jardim! Sinta seu aroma que impregna todo o ambiente. Admire a beleza delas, que se espalham por todos os locais do palácio. Deixe de pensar na morte e pense em nossos futuros netinhos...

Angélica sorriu da colocação do pai. Gostou da sugestão de sair na carruagem branca, presente de seu último aniversário. Terminou sua refeição matinal, pediu licença aos pais e dirigiu-se para dar as ordens necessárias para o seu passeio matinal. Enquanto tudo era preparado, atravessou uma passagem nas grossas paredes externas do castelo e parou diante de canteiros variados das multicoloridas rosas que se elevavam do terreno delicadamente cuidado em direção ao céu, como se estivessem a fazer uma oração silenciosa de agradecimento ao Criador.

"Como são belas! E o perfume discreto que exalam como um canto harmonioso pela vida que ostentam? Vivem servindo e depois se desfazem em choro silencioso de pétalas como se dessem adeus à curta existência aqui na Terra! Existiriam flores no céu? Por certo que sim! Deus também deve gostar de enfeitar o paraíso de todas as belezas que existem no mundo dos homens! Lá, no paraíso, só não teria lugar para as lágrimas, para as dores, para o sofrimento que salpicam as criatura humanas. Mas as flores! Ah! Essas com certeza enfeitam o trono do Criador!" Esses pensamentos percorriam a mente da jovem princesa como corcéis rápidos do tempo.

Movimentando a cabeça lentamente de um lado para o outro do imenso jardim, acabou por visualizar a figura de um homem agachado junto aos canteiros, movendo com as mãos nuas a terra adubada. Não divisava sua face porque o jardineiro portava sobre a cabeça um chapéu de abas largas para protegê-lo do sol a que se expunha todos os dias na execução impecável do seu serviço. Sobre as costas uma manta procurava conferir proteção ao seu dorso do calor das horas mais avançadas do dia. Reparou nas mãos sujas pela terra que revolvia com carinho no trabalho com as roseiras. Os pés eram protegidos por velhas sandálias de couro cru, deixando entrever nas tiras os dedos e a sola dos pés expostos à poeira da estrada que percorria entre o castelo e a sua morada. Foi tirada de suas observações pela pequena e elegante carruagem que chegara pronta para o seu passeio pelos domínios do reino. Iniciou o percurso observando os campos repletos de trigo e o pessoal que neles trabalhava.

"Seria possível que Deus os tivesse escolhido para aquela tarefa cansativa do campo, enquanto a outros destinava os títulos do reino? Qual critério adotaria o Criador para que uns nascessem como rei, rainha, princesa, barão, duque e demais títulos de nobreza e a outros nada fosse dado? Se o Pai de todos ama os seus filhos de igual maneira como um princípio de justiça, por que aquela diferença toda que ela observava em seus passeios pelos campos do reino? E os animais? Também não eram criaturas de Deus que sofriam dores, doenças, fome, sede e até a própria morte? Qual seria seu papel na Natureza se partimos do princípio de que Deus é justo e bom? E aquelas mulheres, filhas de Deus da mesma forma, transportando crianças pequenas para o local de trabalho, para que pudessem auxiliar o marido no ganho do pão de cada dia? Os aristocratas iriam de uma forma mais fácil para o céu depois da morte, como explicara seu rei e senhor seu pai? Não conseguia entender de maneira plena aquela explicação, aceitar aquela justificativa. Pareciam-lhe injustas essas diferenças todas! Enquanto em sua mesa a comida era farta, até mesmo com o supérfluo, na casa daqueles camponeses, daquelas pessoas da plebe, às vezes faltava até o necessário. Como entender que, depois desta vida, fossem todos para o paraíso? Não! Tinha que haver uma explicação mais completa para um Deus que é soberanamente justo e bom! Mas qual explicação?"

Essas indagações fervilhavam na mente da princesa Angélica à medida que a carruagem belíssima, tracionada por dois corcéis brancos e vigorosos, deslizava pelas estradas do reino.

"E no pequeno vilarejo aonde essas criaturas do campo se dirigiam para adquirir o alimento necessário para a sua subsistência, quanta dor era vista!", retornou a princesa aos seus pensamentos. "Pessoas que não tinham sequer um pedaço de pão para mitigar a fome estendiam as mãos à caridade alheia! Que tipo de mecanismo Deus utilizava para direcionar essas pessoas para o sofrimento igual ao que via de coração contrito? Crianças e mães vestidas de trapos, descalças, de cabelos despenteados a buscar alguma caridade para se verem socorridas em suas penúrias! Homens aleijados depois de participarem de batalhas na defesa do reino, e abandonados quando não tinham mais serventia para a guerra! Velhos sem força para o trabalho braçal aguardavam no burburinho apressado do povo aflito uma migalha de solidariedade para sobreviver à fome de cada dia!"

Meu Deus! Estaria enlouquecendo?! Enquanto os jovens se divertiam nas festas da corte em pleno vigor da saúde do corpo, ela vivia invadida por todas essas indagações sem respostas plausíveis!

Quanto mais a carruagem deslizava, mais a princesa levantava questionamentos que nem ela nem outra pessoa conseguia explicar.

Dirigiu-se ao cocheiro e lhe deu ordem para retornar ao castelo.

O passeio perdera a razão de ser. As indagações fustigavam-lhe o coração e a mente. O contraste entre a beleza exterior do ambiente e suas injustiças sociais esgotara-lhe todas as motivações e mais parecia uma onda devoradora da tranquilidade do barco de sua existência em pleno mar de pesadelos.

3

A humilhação

A carruagem de Angélica deslizou rápido pelas estradas do reino, trazendo-a de volta à escadaria principal do castelo. A jovem desceu célere, movimentada pela força de sua juventude. Ao dar início à subida dos degraus, vislumbrou a figura paterna que se dirigia a alguém, esbravejando e gesticulando muito. Era o rei demonstrando sua outra face quando alguma coisa ou alguém lhe desagradava. Estranhou que seu pai estivesse fora dos limites da fortaleza, de onde saía mais frequentemente para as caçadas. No restante do tempo vivia fechado no castelo.

"O que estará meu pai fazendo fora da sua fortaleza e gesticulando daquela forma?", pensava ela enquanto percorria os degraus que a aproximavam do rei.

Nos últimos lances da escadaria, já mais próxima da figura real, começou a ouvir os gritos do rei, que se dirigia a uma figura humana ajoelhada próxima a ele e de cabeça baixa. De audição excelente pela pouca idade, ouviu o suficiente para entender o que o pai estava a impingir à pessoa a sua frente.

– Você trabalha aqui nos meus jardins para manter meu castelo repleto de flores! Por acaso deseja retornar a aldeia e lá viver esmolando o pão de cada dia, infeliz?

– Majestade! O senhor meu rei, perdoe-me! – dizia o humilhado. – O inverno rigoroso que acabamos de atravessar castigou as roseiras de Deus!

– As roseiras são minhas, infeliz! Aqui mando eu! Aqui eu sou deus!

– Sim, Majestade! O senhor tem toda a razão. Peço-lhe que me perdoe. Cuidarei com mais cuidado para que não faltem rosas para o castelo.

– É bom que assim seja, porque, caso contrário, irá esmolar na aldeia o pão de cada dia! – vociferava o monarca.

Angélica, condoída daquela figura humana que não ousava levantar a cabeça, entendeu que as humilhações estavam sendo impostas à figura do pobre jardineiro.

"Que culpa tinha o infeliz?", pensava ela. "Tinha toda razão ao argumentar sobre o rigor do inverno castigando as plantas que iniciavam sua produção naquela primavera. Não havia percebido a falta das rosas em nenhum local do castelo! Por que, então, aquela brutalidade toda para com um servo humilde que sequer ousava levantar a face diante de seu rei? Será que Deus havia dado o poder ao homem para humilhar daquela forma o seu semelhante? Procuraria pelo pai para argumentar em favor do jardineiro", raciocinava rápido à medida que passava pela cena brutal.

Acabava de vencer os últimos degraus da longa escada amparando a barra da saia que caía elegantemente sobre seu corpo. O rei já havia entrado e, de tão furioso, não percebera que era a própria filha que saltara da carruagem e caminhava em direção ao portão principal do castelo.

Cabisbaixa, a princesa trancou-se em seu quarto. Os raios de sol salpicavam todo o ambiente espargindo luz farta. Dirigiu-se para a janela de forma ovalada e contemplou as terras do reino que se perdiam de vista. Começou de novo a meditar na cena que acabara de assistir, somadas àquelas outras que percebera no povoado por onde a luxuosa carruagem deslizara chamando atenção das pessoas miseráveis que infestavam as ruas de grossos paralelepípedos, estendendo as mãos à caridade alheia.

"Meu Deus! Não consigo entender o que contemplo no interior do castelo e aquilo que encontro fora dele! E, pobre do jardineiro, será que Deus o sorteou para servir aos caprichos do meu rei e senhor? Não preferiria esse pobre homem estar bem longe dos maus tratos que acabou de sofrer? Por que então foi colocado justamente para servir ao seu rei e senhor?", pensativa, a princesa continuava a buscar respostas.

Decidida, deixou seus aposentos e, imprudentemente, procurou a figura do rei, que não estava de bom humor devido ao atrito anterior visto parcialmente pela princesa. Visto parcialmente, mas o suficiente para a sua sensibilidade entender o que se passara.

Ele estava andando impaciente de um lado para outro em uma das suas salas com um recipiente talhado em ouro que continha um vinho de alta qualidade. As faces estavam rubras. O olhar de lince fuzilava para onde era direcionado. Apertava a taça dourada com as mãos como se desejasse esmagar a figura do pobre jardineiro. Batia rudemente com as pesadas botas sobre o tapete grosso que cobria as frias pedras do piso. Foi nesse ambiente e estado emocional do pai que Angélica, corajosamente, entrou:

– Senhor meu rei e pai?

– O que é, Angélica?

A voz era seca, sem a suavidade de horas atrás quando estavam à mesa do desjejum. O rei tinha essa característica de sua forte personalidade, que a posição social máxima ostentada incentivava ainda mais. Era capaz de passar da docilidade para a aspereza extrema quando contrariado. E Angélica estava prestes a testar esse traço de seu pai:

– Fui a passeio pelo seu reino, meu pai. Estive em vários locais. Contemplei embevecida as plantações de trigo e cheguei até ao povoado.

– Angélica! Não acha que estou velho para que você não vá direto ao assunto que a trouxe aqui? – ecoou como um trovão a voz do rei enfurecido.

– Desculpe, senhor. Tem razão. O motivo que me trouxe aqui foi a cena que vi ao chegar ao castelo. Ouvi algumas palavras do senhor àquele homem ajoelhado aos seus pés, como também ouvi a justificativa dele para o senhor.

O rei parecia não acreditar que sua filha tivesse a ousadia de questionar seus procedimentos junto aos servidores da família real. Por isso, resolveu dar à filha uma oportunidade de se explicar melhor. Talvez ele não a estivesse compreendendo muito bem. Estaria sua filha tentando defender um reles jardineiro?

– E o que quer dizer com isso? Seja direta. Não use os recursos femininos de dar voltas ao que deve ser dito de forma clara.

– Torno a pedir desculpas, meu rei e pai. O jardineiro tinha razão quanto ao castigo do inverno sobre as rosas, meu senhor.

– O quê? Tem a ousadia de vir à minha presença falar desse trapo de homem?

– Ele é um ser de Deus, meu pai.

– Vou dizer a você o que disse a ele: o deus aqui sou eu. Eu! O seu Deus manda nas coisas do lado de lá. Manda lá no alto! Aqui mando eu!

– Reconheço a sua autoridade, meu pai. Apenas quis dizer ao senhor que o inverno rigoroso que atravessamos realmente prejudicou as roseiras do jardim real. Aquele pobre homem...

– Já basta! Cale-se! Como se atreve vir falar alguma coisa a favor desse molambo? Ou ele provê o castelo das rosas que eu quero, ou vai viver no povoado que você visitou hoje. E tem mais: você que trate de outros assuntos. Por exemplo: preciso de um herdeiro para esse meu reino. Portanto, procure um interessado em você para me dar um neto. Essa deve ser a sua preocupação, e não os assuntos do castelo e do reino. Esses são meus assuntos e não admito intromissão de ninguém. Aqui mando eu! E chega de conversa. Pode se retirar da minha presença se esse é o assunto que a trouxe até aqui. Deixe-me em paz! Ora!...

Angélica entristeceu-se pelo jardineiro e mais ainda pela figura orgulhosa e sem sentimentos daquele que Deus havia dado a ela como pai e que nos momentos de fúria irracional se comportava dessa maneira.

Fazendo a reverência tradicional diante da figura real, retirou-se com as dúvidas sobre a vida e os seres humanos cada vez mais se avolumando em seu coração.

4

O primeiro sonho

Angélica fez a sua oração noturna antes de entregar-se ao repouso daquele dia em que o seu coração tinha sido visitado por muitas dúvidas e torturado pela ausência de respostas. As pessoas vivendo miseravelmente no povoado e a explosão injustificável do seu pai com o pobre jardineiro haviam amargurado seus sentimentos. Na oração da noite, suplicou ao Deus soberanamente justo e misericordioso que a sua mãe lhe apresentara na infância:

– Senhor! Ampara-me nos momentos de angústia que estou vivendo ao presenciar tanta miséria entre muitos e tanta abundância entre poucos. Muitas injustiças praticadas pelo coração endurecido dos homens, seus filhos, contrapõem-se com a sua Bondade. Aquelas pessoas miseráveis esmolam pelas ruas do povoado diante da indiferença dos que possuem o supérfluo em suas vidas! Perdoe meu pai que, por ser rei, tratou com brutalidade e injustiça o pobre jardineiro. Sei que não é possível entendermos os segredos do Céu. Somos pessoas da Terra, Senhor. Mas gostaria de que pela sua Misericórdia eu já começasse a entender as injustiças da vida enquanto estou nela. Não sei se isso é possível e, muito menos, como uma pessoa do mundo pode entender as maravilhas do Céu, onde o Senhor está. Só mesmo os santos conseguiram essa proeza. Mas eram pessoas santificadas, e as portas celestiais abriam-se para eles revelando-lhes aquilo que a nós, pobres mortais, fica oculto. Socorra-me, meu Criador, para que eu possa estar sempre entre as ovelhas do seu rebanho.

Lágrimas discretas escorriam pela face de porcelana da princesa verdadeiramente desejosa de entender as explicações transcendentais da Vida que conciliavam a Bondade, a Misericórdia e a Justiça de Deus.

Angélica mal adormeceu e começou a sentir-se leve como uma pluma que delicada brisa envolvia e elevava. Olhou para cima e contemplou a beleza das noites estreladas. Voltou o olhar para baixo e viu o castelo com suas torres altivas e as delicadas rosas se afastando como se ela subisse de forma lenta e suave. "Que estaria acontecendo?", pensou ela. "Afinal, recolhera-se em seu leito macio para o repouso da noite. Por que então ainda não havia adormecido?"

E continuou a subir levemente. Não tinha medo, apenas curiosidade. Ela não sabia, mas estava indo em direção ao seu primeiro sonho que começaria a trazer as explicações de que necessitava para compreender a grandeza da sabedoria Divina.

"Sinto-me como em uma bolha que se eleva no ar!", dizia para si mesma Angélica. "O castelo, as planícies iluminadas pelos raios do luar, tudo vai ficando para trás ou para baixo?", continuava a se interrogar.

Depois de certo tempo que não saberia precisar, o movimento da princesa estancou. Ouviu uma voz:

– Angélica, minha filha. Seja bem-vinda!

– Mas o que está acontecendo? Onde estou?

– Você, eu e todos continuamos no mundo de Deus, minha filha.

A figura de uma senhora com uma luz muito alva a rodear-lhe o corpo estendeu-lhe as mãos sorrindo.

– Nada tema, Angélica!

– Mas quem é a senhora?

– Sou uma criatura de Deus como você. Meu nome é Joanna.

– Mas não a conheço, senhora!

– Digamos que não. Mas não é isso o que interessa para o momento. Estou aqui para auxiliá-la em muitas dúvidas que têm assaltado o seu nobre coração lá no mundo dos homens.

– Então não estou no mundo dos homens? Onde estou? Que lugar estranho é esse?

– Vamos com calma. Confiemos sempre na Providência Divina soberanamente boa e justa.

– Eu confio em Deus, mas não estou entendendo o que está se passando!

– Fique tranquila porque irá entender tudo no seu devido tempo.

– Continuo a não entender! Que tempo é esse?

– Angélica, preste atenção: não tem tido muitas dúvidas sobre os fatos da vida que tem presenciado nos domínios do rei, seu pai?

– E como sabe disso, senhora, se não a conheço?!

– Não fez sua prece antes de adormecer e deixar seu corpo, que ficou em seu leito no castelo, pedindo ao Senhor da vida que a auxiliasse a compreender os acontecimentos da existência?

– Então, eu não sou eu? Eu sou aquela que ficou lá dormindo ou aquela é que sou eu? Estou tão confusa!

A entidade espiritual sorriu da confusão normal que se instalara na princesa.

– *Angélica, vamos por partes, minha filha! Você não orou a Deus antes de recolher seu corpo ao leito?*

– Meu corpo ou eu mesma? Não estou entendendo!

– *Angélica, enquanto vivemos no mundo dos homens, usamos um corpo físico que é o nosso uniforme na escola da Terra.*

– Então, o mundo é uma escola?

– *Sim. Uma escola onde devemos aprender o bem. É uma espécie de oficina onde devemos trabalhar em favor do nosso próximo. E é, para muitos, um hospital onde se tratam de doenças do espírito.*

– Meu Deus! Que confusão!

– *Angélica, se você tiver paciência, acabará por entender tudo. O aluno que começa no primeiro ano da escola não pode saber o que o professor sabe. Vai aprendendo aos poucos. Está disposta a isso, a ter a devida paciência para aprender aos poucos?*

– Sim, estou. Mas a senhora estava falando sobre a oração que fiz à noite pedindo a Deus o socorro para entender por que os homens agem da forma como procedem na Terra.

– *Pois então, minha filha. Estou aqui para ensinar o pouco que sei, mas, para isso, temos que ir devagar, muito devagar e sempre que as oportunidades se apresentarem. E elas surgirão porque Deus nos ama muito. Sempre que for possível a nós duas, aqui estarei à sua espera para auxiliá-la a encontrar as respostas que trarão alívio para o seu coração angustiado e bom.*

– A senhora seria assim uma espécie de anjo de Deus?

A entidade voltou a sorrir da colocação da princesa.

– *Não, minha filha! Longe estou da angelitude, mas desejo, firmemente, ajudá-la a compreender tudo o que estiver ao meu alcance.*

Pode considerar-me sua irmã em Deus porque fui criada por Ele como todas as criaturas. Somos, portanto, irmãs. Digamos que sou uma irmã mais velha disposta a esclarecer à irmã mais nova que é você. Está bem assim?

– Mas, mas...

– *Angélica, por esta noite convém que nos detenhamos em nos conhecer e nos tornar grandes amigas. O tempo que passaremos juntas se encarregará de revelar uma à outra. Nesse intercâmbio a auxiliarei a entender tudo o que deseja sobre o mundo e sobre as criaturas de Deus que esteja em meu alcance.*

– Sim, senhora.

– *Antes que retorne ao corpo adormecido, lhe darei um conselho: no castelo do senhor rei, seu pai, trabalha uma grande alma.*

– E quem seria ela?

– *O jardineiro, minha filha.*

– O jardineiro?

– *Sim, ele mesmo. Procure se aproximar aos poucos desse homem humilde, mas de grande sabedoria que está na escola da Terra para auxiliar seus semelhantes.*

– Mas ele é apenas um jardineiro!

– *Não se esqueça, Angélica: jardineiro é o uniforme que ele utiliza, minha filha. Da mesma forma que você, transitoriamente, é uma princesa; seu pai, um rei; sua mãe, uma rainha. Não confunda a roupa com a pessoa. Lembre-se de que o hábito não faz o monge.*

– Mas, mas...

– *Vá em paz, Angélica. E até breve.*

Angélica entrou em um estado de torpor e despertou no corpo físico em meio à noite em que os raios de luar banhavam suavemente a janela do seu quarto.

5

Sonho ou realidade?

Entrando na posse integral do seu corpo físico, Angélica despertou subitamente.

"Que sonho mais estranho! Sonho?! Sinceramente, já não sei! Teria sido ou, em verdade, acontecera realmente? Parecia tudo tão real! A conversa, a pessoa. Pessoa? Não sei se poderia chamá-la dessa forma, mas me parecia semelhante a uma pessoa aqui do mundo! Buscarei a opinião de minha mãe mais tarde, após o alvorecer desse novo dia. Coisa mais estranha!"

A princesa não via a hora de todos despertarem para buscar as orientações maternas. E assim o fez logo que percebeu que a progenitora estava desperta.

– Mamãe! Bom dia!

– Olá, meu amor! Bom dia para você também.

Observando rapidamente as feições da jovem, disse:

– O que foi, Angélica? Está com uma carinha de quem deseja fazer alguma pergunta.

– É sobre um sonho que tive, mamãe.

– Ah! Já sei. Sonhou com algum belo rapaz. Um príncipe encantado!

– Não, mamãe! Sonhei com alguém que nem sei se era humano realmente.

A mãe sorriu com a colocação da filha.

– Ora, Angélica. Se não era uma pessoa, o que era então?

– Aí é que está o problema, mamãe. Pareceu-me mais um anjo de Deus.

– Um anjo? Por quê? Tinha asas como as de um anjo?

– Não, mamãe! Não era um anjo como conhecemos nas figuras dos livros ou das pinturas das igrejas.

– Mas, então, com que se parecia, minha filha?!

– Era uma mulher que irradiava uma luz discreta dela mesma.

– E falou com você?

– Sim, mas não lembro exatamente o quê. Só senti que foi muito agradável a sua presença.

– E onde você estava quando isso aconteceu, Angélica?

– Aí está outra coisa que não entendi. Lembro-me de que fiz minha oração rogando a Deus que me auxiliasse a entender os homens e a vida. De repente, logo depois que me deitei, me vi acordada novamente num lugar desconhecido onde esse ser ou essa pessoa me aguardava. Disse-me palavras belíssimas! Ensinou-me muitas coisas de que não consigo recordar-me direito. Lembro-me de alguma coisa, muito pouco, mas parece que o mundo é uma espécie de escola onde todos estão para aprender.

– Ah! Minha filha! Isso tudo, essa falta de clareza, é explicado pelos sonhos, que não fazem sentido quando estamos acordadas!

Exatamente essa falta de coerência nas coisas é que prova que tudo não passou de um sonho tirado da sua cabecinha muito jovem ainda e cheia de fantasias inexplicáveis. É lógico que o mundo é uma escola! Aqui aprendemos música, bordado. Se quisermos aprender também a cozinhar, a costurar alguma coisa, a noivar, a casar, a ter filhos. Os homens, a lutar nas guerras, a caçar, a manusear suas armas. Qual a novidade de o mundo ser uma escola? Esse sonho não revelou nenhuma novidade, minha filha!

– Mas, mamãe! Tudo parecia tão real! E não foi nesse sentido de escola que aquele ser falou sobre o mundo. Foi com um sentido diferente. Disse-me alguma coisa sobre nosso jardineiro também.

– Nossa mente é capaz de coisas que não imaginamos quando despertas, minha filha. Imagine falar sobre um jardineiro! O que esse seu sonho teria a dizer sobre um simples jardineiro?! Fique tranquila. Pode ter certeza de que esse sonho nunca mais se repetirá. Sonhos são assim mesmo. Vêm e passam e nunca mais retornam porque são fruto da nossa imaginação estimulada por algum motivo que vivenciamos durante o dia, quando acordadas. Adormecemos, e a nossa mente cria um mundo que não existe.

– Então a senhora acha que...

– Como você mesma disse, tudo não passou de um sonho, querida! Agora, vamos à nossa refeição da manhã que o seu pai está à nossa espera faminto como sempre. Vamos? Você bem sabe como ele é quando se irrita!

Angélica não aceitou muito as explicações, ou melhor, a falta de explicações da mãe, e seguiu com ela até a presença do rei. Sobre a mesa, além do alimento farto como sempre, lindas rosas ainda orvalhadas se faziam presentes num fino recipiente de prata. Imediatamente Angélica lembrou-se de um trecho da conversa da noite: "Procure aproximar-se do jardineiro! Ele é um homem humilde, mas de grande sabedoria".

“Se me lembro claramente dessa frase, como poderia ter sido um mero sonho o que acontecera comigo à noite?”, pensou consigo mesma a princesa.

“Se ele tinha grande sabedoria, talvez pudesse me explicar o que ocorrera na noite passada”, tornou a raciocinar intimamente a princesa Angélica.

Se assim pensou, melhor ainda o fez. Tomou uma refeição bem mais modesta do que nos dias anteriores, o que chamou atenção do rei, seu pai.

– Está doente, minha filha? Já come muito pouco, mas hoje você se alimentou menos ainda!

– Não, senhor, meu rei e meu pai. É que fiquei extasiada com a beleza das rosas sobre a nossa mesa e fiquei com vontade de vê-las mais de perto em nossos jardins reais. Só isso, meu pai. Estou bem. Muito bem.

Em seguida, pediu a devida autorização para deixar a mesa e rumou em direção à porta que dava acesso aos jardins do palácio.

– Essa menina está estranha hoje. Não acha, mulher?

– Os jovens são assim mesmo, meu senhor. Vivem sonhando e se alimentam mais desses sonhos do que propriamente do alimento ao qual estamos acostumados. Ela está bem. Não se preocupe, meu rei.

“Um homem simples, mas de grande sabedoria!”, essa frase repetia-se com insistência na cabeça da princesa enquanto ela se aproximava dos roseirais carinhosamente cuidados pelo jardineiro.

Angélica foi caminhando discretamente em direção ao trabalhador que se encontrava na posição costumeira: agachado e de mãos mergulhadas na terra a revolvê-las e adubá-las, quando não providenciava alguma poda de um galho ou outro. Ao ouvir os passos suaves que se aproximavam do local de onde estava, o que não era habitual, o jardineiro levantou a cabeça para identificar quem seria a pessoa. Ao perceber a presença da princesa, abaixou rapidamente o rosto fazendo uma reverência.

– Senhorita princesa!

– As rosas estão belíssimas, senhor jardineiro – disse Angélica procurando iniciar alguma conversa.

– É a minha obrigação e o meu trabalho, princesa! Faço-o com muito amor! Adoro as plantas que Deus emprestou para enfeitar o mundo!

– Tem um bom coração pelas palavras que pronunciou, senhor jardineiro. Posso saber o seu nome?

– Antônio, princesa. Às suas ordens. Tem alguma rosa em especial que deseja que eu colha para a princesa?

– Não, Antônio. As que enfeitam o palácio na manhã de hoje já estão muito belas. São fruto do seu trabalho e do seu amor por elas, bom homem.

– Bondade do seu coração, princesa. Cumpro meu dever para com o meu rei, o senhor seu pai.

– Meu pai que o tratou muito mal ontem quando eu chegava ao palácio e coincidentemente ouvi as palavras rudes que ele direcionou ao senhor.

– É um direito dele, princesa! Estou aqui sob as ordens dele e para servi-lo.

Angélica aguardou um pouco para desviar o assunto para o real motivo que iniciara a conversa com o jardineiro.

– Diga-me, Antônio: você, pela maneira como se expressa, crê em Deus, não é assim?

– Totalmente, princesa. A vida sem Deus não teria razão de existir. Como não crer, se lido com as flores mais lindas desse palácio e que não são criação do homem, mas sim Dele?!

– Então você também acredita em outra vida depois dessa, não é assim?

– Mas claro, senhorita! Sem a continuação da vida, esta que aqui vivemos por alguns anos não teria sentido! Seria uma existência muito curta. Deus não nos teria criado para vivermos apenas por alguns anos. Ou, às vezes, alguns dias ou meses. A vida sem nenhuma dúvida prossegue, princesa.

Angélica tornou a aguardar mais uns minutos contemplando as belas rosas para fazer a pergunta que mais queria.

– E você acredita que os que vivem do outro lado conseguem conversar conosco, Antônio?

– Perdão, princesa! Não entendi sua pergunta, desculpe-me.

– Você acredita que os que já se foram e estão nessa outra vida podem conversar conosco, Antônio? Assim, conversar conosco em nossos sonhos...

– Se dissesse que não, estaria mentindo, princesa! Minha própria mãe, que se foi ainda muito moça, deixando-me pequeno com meu pai, eu a vejo nos sonhos muitas vezes. Conversamos, e ela me consola e orienta em várias situações da minha vida. É como se estivesse viva em um corpo como o nosso!

A revelação aguçou o interesse e o entusiasmo de Angélica.

"Talvez ele pudesse explicar-me melhor o sonho da noite!", raciocinou.

– Ah! Mas que bonito, Antônio! Ver a própria mãezinha que já se foi! Conversar com ela e ser orientado por ela! Mas parece que a Igreja não aceita muito isso não, Antônio!

– Sem dúvida, princesa! Além de bonito, é consolador sabermos que não estamos sós, esquecidos por aqueles que estão no Céu. Os santos e as santas da Igreja também conversavam com os que moram na outra vida! Não é isso que está em muitas histórias sobre a vida deles? A própria Igreja não desmente isso!

– É. Mas quando se trata da gente, simples mortais que somos e estamos muito longe da santidade, a Igreja não gosta desse assunto, não! E como sua mãe se apresenta para você, Antônio? De roupa, de vestido, com cabelos, com braços, mãos etc.?

O jardineiro deu um grande sorriso pela colocação da jovem e arrematou:

– Como uma pessoa normal, princesa! Eles continuam vivos! Mais vivos do que nós porque estão no céu, onde não morrerão mais.

– Então, não estou maluca – pensou em voz alta Angélica.

– Como, princesa?!

– Não é nada não, Antônio. Só estava pensando um pouco alto. Desculpe-me.

– Olha, princesa! Pelo amor de Deus. Não vá dizer isso ao padre, seu confessor, porque ele pode pedir que o senhor rei me puna.

– Como assim, Antônio? Então acreditar que aqueles que se foram continuam vivos e não se esquecem de nós é motivo para punir alguém?

– Uma vez contei isso para um padre e ele ameaçou denunciar-me ao rei e à sua Igreja por blasfêmia, princesa! Eu nem sei o que é isso: "blasfêmia"!

– Pode ficar tranquilo, Antônio. Não comentarei nada com ninguém. O importante é saber que você também já viu sua mãezinha muitas vezes, não é assim?

– Muitas vezes, princesa. Graças ao bom Deus! – disse retirando o chapéu da cabeça.

Quando Angélica fez menção de se retirar, o jardineiro, percebendo a insegurança dela, reforçou:

– Como disse antes, princesa, na história da Igreja os homens santos ou as mulheres santas não viam e conversavam com aqueles que estavam do lado de lá?

– Mas eles eram santos, meu bom homem!

– Tudo o que Deus cria é santificado, princesa!

"Realmente, esse homem era simples, mas de muita sabedoria!", a princesa pensava, afastando-se. "Fosse quem fosse a sua companhia da noite, ela tinha razão em relação a Antônio, como poderia ter razão em relação a muitas outras coisas!", Angélica saiu a meditar.

6

O confessor

Angélica voltou feliz para o interior do castelo.

"Realmente tinha valido a pena esse primeiro contato com aquele homem simples, mas ao que tudo indicava sábio, e que poderia ensinar-lhe muitas coisas sobre a vida. A mulher que lhe aparecera no sonho tinha acertado na recomendação", pensava.

– Princesa! O rei, seu pai, deseja falar-lhe. Está na sala real. – disse uma ordenança assim que a princesa adentrou o interior do castelo envolvida em seus pensamentos.

"Que estranho! Raramente o pai mandava chamá-la para conversar. O que o teria motivado para isso?", pensou rapidamente assim que recebeu a ordem.

Dirigiu-se para o local indicado e bateu à porta.

– Entre! – trovejou a voz do rei.

"O timbre da voz não era de bom presságio! O que será que já o aborreceu?", raciocinou Angélica abrindo a pesada porta que rangeu em suas dobradiças.

– Entre, Angélica!

– O senhor me mandou chamar, meu pai?

– Mandei. Você saiu apressada da mesa há pouco tempo. Para onde foi?

– Fui admirar as roseiras, meu pai. As rosas estavam tão belas nessa manhã!

– E para admirar as rosas precisava conversar com o jardineiro como me informaram quando perguntei por você?

– Pedi explicações a ele sobre como deixá-las tão formosas, meu pai.

– Você é uma princesa! Precisa manter-se a distância desse pessoal! Somos uma família real! Um jardineiro é uma pessoa que vive com as mãos enterradas no lixo do chão!

– São as mãos deles enterradas nesse lixo que proveem nosso castelo com a beleza das flores, meu pai.

– Ordenei que chamassem o padre Victor, nosso confessor, para que você se aconselhe com ele sobre como manter a sua postura de princesa!

– Não tenho nada a confessar ao padre Victor, meu pai! Nada fiz de errado a não ser conversar com uma criatura de Deus como todos nós.

– Parece que você não quer entender, Angélica! Somos uma família real! Você não é do povo! Será que não entende isso?

– Entendo e aceito que somos todos filhos de Deus, meu pai!

– Então, talvez entenda o seguinte: se insistir em se aproximar desse homem da plebe desafiando uma ordem do seu rei, mandarei esse infeliz embora do castelo. Talvez goste de vê-lo viver no povoado. Lá tem um monte de filhos esquecidos do seu Deus. E não se atreva a me responder; confesse-se e aconselhe-se com o padre Victor assim que ele estiver na capela. Vá!

Angélica fez a mesura tradicional e retirou-se da presença do pai. "Coitado de meu pai! Não entende que Deus nos criou a todos da mesma forma. Que culpa tem o pobre homem que trabalha a terra com as próprias mãos para que as flores enfeitem o castelo? Confessar o que com o padre? Mas, enfim, como não obedecer às ordens de um rei? Entretanto, seria até bom esse contato com o padre porque no confessionário pediria algumas explicações ao confessor sobre a vida e os homens. Talvez aquele que se dizia representante de Deus na Terra tivesse as respostas que ela buscava", eram os pensamentos de Angélica ao deixar a sala real e dirigir-se à capela para cumprir as ordens do rei.

Adentrou o ambiente aguardando a chegada do padre. Alguns minutos depois ele entrou no recinto com o semblante carregado e dirigiu-se a um confessionário com a vestimenta característica de quem vai ouvir uma confissão. Angélica ajoelhou-se.

– Pois não, princesa! Pode abrir o seu coração, minha filha!

– Não tenho nada a dizer, padre! Apenas fui conversar com o pobre jardineiro sobre as rosas que ele cultiva sob as ordens de meu pai. Apenas isso.

– Mas, minha filha! Você é uma princesa! O jardineiro é um homem do povo!

– Segundo aprendi com a minha mãe e com a religião do senhor, somos filhos do mesmo Deus, padre.

– Mas colocados em lugares diferentes, minha filha. Com papéis diferentes no mundo.

– E isso aconteceu por obra do acaso ou por uma escolha de Deus, padre? Tudo não está sob as ordens Dele? Por que entregou a uns os jardins do castelo e a outros os títulos de nobreza? Confesso que tenho tentado entender essas diferenças da vida e ninguém consegue me explicar, padre!

– Ora, quem somos nós para questionar as decisões Dele, princesa?

– E Jesus, padre? Por que não veio como um rei poderoso nascido no mais belo dos castelos, mas como filho de um simples carpinteiro que teve como berço um cocho onde os animais se alimentavam?

– Da mesma forma está questionando os desígnios do Criador, minha filha! E isso não devemos fazer.

– Será que aqueles que sofrem, que estão em situação pior, não têm o direito a uma explicação, padre?

– Cada um deve pedir o entendimento por meio de suas orações diretamente a Ele, minha filha! Caso Ele decida responder, cada criatura obterá a resposta que busca.

– Quer dizer então, padre, que, se eu pedir essas explicações, Ele me responderá diretamente ou enviará alguém para fazê-lo?

– Como assim, Angélica? Não estou entendendo a sua pergunta.

– Explico melhor, padre: verei a Deus diretamente ou algum mensageiro Dele virá até mim trazer as respostas às minhas perguntas?

– Angélica! Quem somos nós para ver o Criador diretamente, minha filha?

– Somos seus filhos, padre. Um pai não conversa com seu filho?

– Sim, somos todos filhos Dele, mas não podemos vê-Lo face a face, princesa! Conversamos com o Criador por meio de nossas orações e pensamentos.

– E não poderia Ele enviar alguém em seu lugar para responder-me?

– A Santa Igreja possui seus representantes de Deus aqui na Terra, princesa!

– Mas os representantes Dele respondem somente por meio de dogmas complicados, padre! Creio que a conversa com o Criador seja mais fácil de ser entendida.

Padre Victor estava irritado com as colocações da jovem e retrucou colérico:

– Seu pai, Angélica, tem razão de estar preocupado com você! De onde tem tirado essas perguntas e esses pensamentos que tendem para uma heresia?

– Padre, os santos e as santas não tinham visões do paraíso? Não viam e ouviam a Deus ou um dos seus representantes?

– Tinham porque eram pessoas santificadas. Somos pecadores, minha filha!

– E o pecado exclui a paternidade divina de cada um de nós?

A jovem não via. Muito menos o padre, mas o Espírito de Joanna estava presente ao lado da princesa no confessionário e na presença do rei, auxiliando-a nas colocações ao representante de Deus na Terra como ele mesmo se dizia e ao rei que se considerava, ele mesmo, uma espécie de deus entre os homens.

– Você vai orar trinta pai-nossos e trinta ave-marias para o perdão dos seus pecados, princesa! Não vou continuar conversando sobre esse assunto que, como disse, caminha para o terreno da blasfêmia, da heresia, que pode ser severamente punida pelo Tribunal da Santa Igreja, princesa!

"Não vou fazer nem uma coisa e nem outra porque apenas estou buscando explicações para compreender a Deus, compreendendo as diferenças que vejo no mundo!", pensou em silêncio a jovem princesa, enquanto o padre saía do confessionário contrariado e decidido a alertar o rei sobre o comportamento inadequado e perigoso da filha que podia receber uma acusação de heresia, passível de ser julgada e punida pelo Tribunal de sua religião.

7

Novo encontro

Angélica estava de coração angustiado naquela noite quando se refugiou em seu quarto, mal as estrelas começaram a cintilar no firmamento. Os atritos com o pai e com o padre confessor aumentavam ainda mais a dificuldade de compreender os homens e o mundo.

Ajoelhou-se no leito e buscou pelos seus sentimentos mais sinceros a figura do Criador. Necessitava do socorro Dele diante das dúvidas que se levantavam, confundindo todo o seu ser. Tinha plena confiança Nele, mas não conseguia entender o comportamento dos homens que eram filhos de Deus e procediam como se nada fossem, ou melhor, como se fossem lobos do próprio semelhante. Por que seu pai, na posição transitória de rei aqui no mundo, desprezava de maneira injustificável a figura humilde e boa do jardineiro? Por que o padre, representante de Deus na Terra segundo definição da própria Igreja, não tinha explicações mais de acordo do Representado por ele? Permitiria o Senhor da Vida que ela se encontrasse novamente com aquele ser do sonho anterior que lhe transmitiu uma sensação de bem-estar tão grande? Quem seria aquela mulher ou aquele ser bondoso? Uma embaixadora de Deus? Quanto necessitava entender desta vida onde se via mergulhada! Qual seria o seu verdadeiro papel na posição de princesa? O que o Criador esperava dela como membro de uma família real? Eram os pensamentos tumultuados de uma jovem de apenas 16 anos no corpo físico, mas de um espírito amadurecido o suficiente para buscar respostas além daquelas que os homens e o mundo lhe apresentavam.

Uma discreta lágrima rolou dos olhos azuis desejosos de enxergar a realidade da vida.

Recostou-se no leito para um breve repouso antes de efetuar a troca de suas roupas por outras mais adequadas para o descanso da noite e adormeceu rapidamente.

Teve a mesma sensação da noite anterior e, da mesma forma, em uma fração de tempo que não conseguiria determinar, ouviu novamente a voz conhecida:

— *Angélica, minha filha! Seu pedido a Deus permitiu-me estarmos juntas novamente em mais esta noite.*

"É Joanna novamente!", alegrou-se a princesa em pensamento.

Desta vez Angélica podia entender um pouco melhor, e aquele ser lembrava a figura de uma mulher.

De uma mulher extremamente bondosa! Uma amiga recente que lhe transmitia uma sensação de paz muito grande! Liberta do corpo material,[1] tinha mais lembranças e compreensão do que quando acordada porque não dependia do cérebro físico na interpretação dos fatos.

---

1. "Crede, enquanto o corpo repousa, o Espírito dispõe de mais faculdades do que na vigília." (trecho de *O Livro dos Espíritos*, de Allan Kardec, questão 402)

– Mas que bom! Tive um dia muito agitado!

– Eu sei, minha filha! Mas agora se acalme para que possamos continuar nosso diálogo. Hoje vou levá-la a um lugar que nem em sua imaginação poderia supor que existisse.

– Mas que lugar é este?

– Calma! Se deseja entender as determinações da Providência, é preciso ser paciente. A compreensão de Deus é semelhante a um estudante que tivesse de ler toda uma imensa biblioteca. Para estudar todos esses livros é preciso muita paciência e boa vontade. A ansiedade apenas atrapalha e faz o tempo para entender os fatos da Vida demorar ainda mais. Tire a angústia do seu coração e coloque nele muita paciência.

– Sim, senhora!

Estabelecidas essas condições, começaram a deslocar-se para outra região, cujo rumo Angélica não saberia descrever. Entretanto, seguindo a recomendação de Joanna, confiava Nele e entregava-se nos braços da paciência para ser uma boa aluna.

Subitamente penetraram uma região belíssima de intensa luminosidade. Poderia se dizer que, naquele local, existia um sol especial a banhar de luz tudo o que existia. Angélica manifestou-se alegre e extremamente deslumbrada:

– Dona Joanna! Parece que tudo possui luz além daquela do próprio sol! Por acaso é aqui o paraíso de que falam os homens?

Joanna sorriu da colocação de sua pupila.

– De certa forma sim, minha filha! O paraíso como descrevem os homens com base em seus pensamentos religiosos não existe.

– O paraíso não existe, dona Joanna?!

– Calma novamente! Lembre-se do que lhe falei antes. Vamos entendendo as coisas de Deus devagar. O paraíso é o estado íntimo de paz

que a pessoa possui ou não. Aqueles que cumprem com os seus deveres e possuem a consciência em paz transportam dentro de si mesmas o paraíso. Estão sempre felizes e vivem em paz por mais adversas que sejam as condições exteriores que as cerquem.

– E o inferno também não existe como ensinam as religiões da Terra?

– *Também não. Como um Deus que é Amor poderia criar uma região no Universo destinada ao sofrimento eterno de seus filhos? O inferno é uma produção de cada um quando se desvia da conduta correta, quando se desvia das Leis de Amor que regem o Universo. Aquele que faz o mal transporta dentro de si seu inferno particular. A diferença é que dele poderá sair quando quitar-se com a própria consciência endividada.*

– Ah! Que maravilha suas explicações! Com elas estou começando a compreender Deus de uma maneira que traz paz e alegria ao meu coração!

– *Deus, Angélica, é sempre mais do que podemos imaginar ou compreender porque ainda não estamos preparados para entendê-Lo. Mas Ele é sempre mais e mais do que possamos conceber. Digamos que não há limites para Deus, minha filha!*

Joanna deixou que a pupila absorvesse essas primeiras noções evocadas naquele local de luz. Depois, prosseguiu:

– *Repare nas construções, Angélica!*

– São castelos maravilhosos! Muito mais belos do que os construídos pelos homens!

– *Sem dúvida! O material com que são construídos é diferente, muito diferente, do material empregado na Terra, minha filha!*

– Como assim, dona Joanna? Não possuem pesadas pedras, areia, madeira, ferragens?

— *Não. São todos construídos com "tijolos de luz"!*[2]

— Tijolos de luz?! Agora não entendi nada!

— *Mas já vai entender. Quando uma pessoa lá da Terra faz um bem ao seu semelhante, essa pessoa envia um "tijolo de luz" para este local ou para outros locais iguais a este distribuídos pelo Universo de Deus, minha filha!*

— Então, quando alguém dá uma esmola ela envia esse tal de "tijolo de luz" para um lugar como este?

— *Sim. Quando damos do que nos sobra, o "tijolo de luz" é menor. Quando damos do pouco que temos, o "tijolo" é bem maior. Quando nos doamos, ou seja, damos de nós mesmo como Jesus fez, enviamos um enorme tijolo de luz para essas construções.*

— E por que elas existem? Para que essas construções, dona Joanna?

— *É onde viremos morar após deixarmos o corpo de carne no mundo dos homens. A vida prossegue, Angélica! E para aquele que pratica o bem, que tem a consciência em paz pelo dever cumprido, existem essas moradas de felicidade para além da morte, minha filha!*

— Percebo que alguns desses castelos ainda estão inacabados!

— *Sim. Por que seus futuros proprietários ainda estão no mundo dos homens trabalhando no bem e enviando para cá seus "tijolos de luz". Quando deixarem a Terra encontrarão suas moradias prontas se persistirem incansavelmente no amor ao semelhante.*

— Mas todos virão para cá, para essas construções belíssimas?

— *Não. Vamos avançar um pouco mais e você irá compreender melhor.*

---

2. A expressão "tijolos de luz" está empregada em sentido figurado referindo-se aos méritos que angariamos na prática do bem. Esses méritos permitem, no plano espiritual, que os Espíritos plasmem a região espiritual que vão habitar. Os que possuem merecimento suficiente plasmam lugares de rara beleza, como os que Angélica acabou de conhecer na companhia de Joanna.

Foram deixando aquela região de intensa luminosidade e adentrando locais cada vez mais escuros onde uma espécie de mato grosseiro se alastrava. Os raios solares tinham muita dificuldade de penetrar esses locais e uma densa penumbra cada vez mais se acentuava. A vegetação existente era agressiva. O chão, pegajoso como se caminhassem em um pântano. Odores fétidos impregnavam o lugar. Até que chegaram a uma construção rude, caindo aos pedaços. Era uma espécie de barraco desmoronando, telhado desmanchando, janelas destroçadas e portas destruídas. Terreno invadido por mato como se fosse um casebre abandonado no mundo dos homens.

– *Veja só esta situação, Angélica!*

– Meu Deus! Que contraste dantesco com as regiões de luz que deixamos para trás?! E alguém, algum dia, virá morar aqui?

– *Muitas pessoas encontrarão desse lado da vida moradia semelhante a esta, Angélica.*

Joanna esperou um pouco para que a jovem absorvesse bem o aspecto tétrico do local. Em seguida, deu prosseguimento aos ensinamentos:

– *Você conhece um dos futuros moradores que virá para este local, Angélica!*

– Conheço?!

– *Infelizmente, sim.*

– E quem seria, dona Joanna?

– *O rei, seu pai, minha filha!*

– Meu Deus! – exclamou a jovem arregalando os olhos azuis e levando as mãos pequenas e delicadas até a boca.

– *Com a posição que ocupa no mundo e que lhe foi emprestada temporariamente por Deus, para que auxiliasse o povo sob o seu domínio, infelizmente ele tem agido de maneira oposta. É indiferente para com os miseráveis materialmente falando. É extremamente orgulhoso e hostil com os mais humildes. Vive fechado no seu mundo de egoísmo e prepotência que julga nunca acabar. Entretanto, conhecerá a morte exatamente como o mais humilde dos seus servos. Agindo dessa maneira, não tem enviado nenhum "tijolo de luz" para sua futura moradia após a morte. O que lhe resta é este local, que os vitoriosos segundo as leis do mundo encontrarão deste lado da vida. Este lugar ou até mesmo lugares muito piores! É da Lei, Angélica.*

– Por favor, dona Joanna! Deixemos este local tão triste e de mau agouro.

Atendendo ao pedido da jovem, numa fração de segundos, retornaram ao local de luz.

– Dona Joanna? Posso fazer mais uma pergunta?

– Desde que seja para encontrar as respostas que têm angustiado o seu coração, pode, minha filha!

– E aquele castelo ainda em construção, mas que, quando pronto, será um dos mais belos deste local? A senhora poderia revelar-me seu futuro proprietário?

– Como é para a sua orientação, e não para a satisfação de uma simples curiosidade, posso sim.

– E de quem será, dona Joanna?

– De alguém que você também conhece.

– A senhora está querendo dizer que...

– Sim, minha filha! Este castelo quase pronto é do jardineiro do castelo onde mora o rei, senhor seu pai!

A mentora aproveitou o impacto provocado pela notícia em Angélica e a conduziu novamente ao corpo material adormecido sobre o leito. Aquela tinha sido mais uma noite de luz para a jovem princesa.

8

Novo aliado

Angélica acordou feliz. Uma sensação de bem-estar cuja origem não conseguia identificar fazia com que a jovem irradiasse alegria à sua volta. Foi nesse estado de ânimo que se encontrou com a figura materna antes de dirigirem-se para a refeição da manhã, onde o rei as aguardava como de rotina.

– Vejo que está bem disposta nesta manhã de primavera, minha filha! Dormiu com os anjos ou como os anjos? – falou a mãe.

– Tive belos sonhos essa noite, mamãe.

– Com algum jovem que despertou o seu interesse?

– Não, mamãe. Sonhei com um lugar muito lindo, com muita luz, construções belíssimas!

– E foi aquele "anjo" que a levou para conhecê-lo?

– Foi o mesmo ser, mamãe! Era uma figura de mulher. Não tinha o aspecto de um anjo como vemos representados aqui no mundo. O interessante foram os lugares que conheci.

– Ah! Os sonhos dos jovens são sempre muito bonitos porque são fruto de uma imaginação cheia de esperanças! Aposto que foi algum lugar que já viu aqui em nossos domínios e que não prestou a devida importância quando o viu, não foi assim?

– O estranho é que não, minha mãe! Nunca tinha visto esse lugar. Nem sequer imaginado que existisse. Essa senhora falou-me de construções belíssimas que aguardam aqueles que praticam o bem aqui no mundo. Mostrou-me também lugares muito feios que aguardam os maus.

– Meu Deus! E pode descrever como era esse paraíso e esse inferno? – disse jocosamente a rainha.

– Não me recordo. Apenas lembro-me de que havia muita luz! Era como se fossem castelos belíssimos se comparados com os da Terra! Havia muita luz, como já disse, e também uma sensação de paz profunda. O estranho é que, passado algum tempo, vi também um lugar muito triste, totalmente diferente do primeiro, com construções muito pobres, destinado aos que praticam o mal no mundo. Da mesma forma não consigo entender e muito menos explicar o que ou onde era.

– Não disse que havia sonhado com algum lugar já visto por você em nosso reino? A mente dos jovens é fértil e ágil, Angélica? Salta de um lugar para outro em questão de segundos. É próprio da mocidade. Aliás, os anos desse período da vida é o paraíso dos sonhos. Tudo é ilusão, esperança, promessas e tudo o mais que esperamos realizar um dia. Se esses sonhos a fazem despertar de bom ânimo, torçamos para que se repitam!

– Não, minha mãe! Não era comparável a nenhum lugar que tenha visto. A beleza era muito diferente! Já os locais de tristeza lembravam o povoado próximo ao castelo onde desfilam sofredores esquecidos por nós!

– Se esses sonhos fazem-na feliz, desejo que retornem a enfeitar suas noites, minha filha! Mas que não passam de fantasias, disso não tenho dúvida! Agora vamos que o seu pai está a nos aguardar.

E, como bem sabe, ele não tem muita paciência. Vai ficar contente em vê-la feliz assim.

– Tomara que sim, mamãe! Tomara que sim.

Aproximaram-se novamente naquela manhã da mesa farta e coberta com as rosas frescas e orvalhadas pela noite. Realmente a alegria da filha não passou despercebida ao rei. Comentou mordaz:

– Você me parece com um ar muito alegre, Angélica! Será que são pelas rosas que enfeitam nossa mesa e nosso castelo?

A moça entendeu a profundidade e a intenção da colocação do pai.

– As rosas são as embaixadoras da beleza e da paz, meu pai e senhor! Deveríamos ser sempre como elas: levarmos alegria e esperança onde desabrocham.

– Que bom que pensa dessa maneira, Angélica! O castelo está repleto delas. Suas mensagens, como você disse, esparramam-se em todos ambientes de tal maneira que você não necessita ir até o jardim real para admirá-las.

As palavras do rei foram claras e diretas para a filha.

Necessitava pensar em alguma maneira de aproximar-se do jardineiro, principalmente depois do último sonho que tivera. Não entendia por que, mas alguma coisa lhe dizia que algo tinha a ver com aquele homem simples e bom que seu pai desprezava tanto como aos demais servidores do castelo. "Mas como conseguir esse intento sem que seu pai ficasse sabendo?", pensava ela enquanto comia apenas o necessário naquela manhã em que se sentia invadida por uma sensação de paz e de felicidade inexplicáveis e muito bem alimentada em espírito, principalmente.

Angélica não sabia, mas a última impressão do castelo que vira no sonho e que Joanna explicara ser do jardineiro registrara forte mensagem na memória espiritual da jovem, que a motivava buscar essa aproximação, mesmo correndo o risco de o pai ficar sabendo.

Após a refeição muito rápida, sempre vigiada pelos olhos atentos do pai, Angélica solicitou que sua carruagem fosse preparada. Sentia uma vontade muito grande de retornar aos caminhos do reino tantas vezes percorridos.

Algum tempo depois, a bonita e confortável carruagem branca tracionada pelos fortes corcéis cuidadosamente alimentados, parava, como sempre, no início da escadaria do palácio. Afonso, o cocheiro amigo e de toda confiança do rei, desceu e abriu gentilmente a porta para Angélica, que desceu lépida, segurando a saia meticulosamente confeccionada para seu corpo juvenil. Cumprimentou o cocheiro e adentrou a carruagem. Os olhos do rei a vigiavam do alto de uma das torres do castelo, onde se instalou tão logo a jovem ausentou-se da mesa de refeições. Batendo levemente com as compridas rédeas sobre o dorso dos dois animais, Afonso deu a ordem para que se movimentassem. A carruagem deslizava em ritmo que permitia à princesa observar os detalhes das paisagens por onde passava. Em determinado trecho do caminho, a estrada passava por uma elevação provocada por uma ponte de madeira muito sólida. Angélica solicitou ao cocheiro que detivesse os animais por uns instantes ali e desceu.

– Afonso, meu amigo, como são belas as paisagens que se estendem aos nossos olhos, não é mesmo?

– Sim, menina princesa.

Menina era o termo carinhoso que Afonso utilizava para derramar todo o carinho do seu coração àquela jovem que conhecera desde o nascimento.

– Os campos de Deus são muito belos como toda a obra da Criação, princesa!

De repente, sem que tivesse tempo para raciocinar, Angélica desviou o assunto para a figura do jardineiro Antônio.

– Você é um homem bom como o jardineiro de meu pai, Afonso.

– Ele serve o rei há muitos anos, princesa. Antes mesmo do seu nascimento.

– E tem muito amor às plantas de que cuida. Tem-se a impressão de que as sente como se suas filhas fossem.

– Concordo, menina princesa. Quando tenho algum tempo ou passo realizando alguma tarefa pelos jardins do castelo, dá um gosto muito grande de apreciar, mesmo que de passagem, as rosas do rei. Parece até que o perfume delas é diferente das outras rosas que conheci em minha vida.

– É o perfume do amor, Afonso.

– Como assim, menina princesa?!

– As rosas exalam o perfume do amor de Antônio por elas.

– Ah! Entendi. Nunca tinha pensado assim, mas a menina tem razão!

– O amor é capaz de coisas que desconhecemos, Afonso!

O cocheiro manteve-se em silêncio. A profundidade das colocações de Angélica começava a confundi-lo. Com medo de dizer alguma coisa que não fosse correta, preferiu ficar quieto. Angélica aproveitou esse momento de silêncio e disparou a pergunta que estava preparando:

– Antônio mora no povoado também, Afonso?

– Um pouco afastado, menina princesa. Mas ele vai lá algumas vezes a pé mesmo.

– Ah! Antônio vai ao povoado? E fazer o que, você sabe, Afonso?

– Direito não sei não, menina princesa! Só sei que gostam muito dele por lá.

Essa informação aguçou ainda mais o interesse da princesa porque lhe fez lembrar, de alguma maneira, as palavras ditas pela mulher dos seus sonhos, "no castelo do senhor rei, seu pai, trabalha uma grande alma", referindo-se ao jardineiro.

– E você seria capaz de encontrar onde é a casa de Antônio?

– Isso não é difícil, menina princesa. Mas por que uma princesa deseja saber onde o jardineiro mora?! – ponderou o cocheiro arregalando os olhos.

– Que mal há em conhecer mais coisas sobre pessoas boas que servem ao reino, Afonso? – Angélica buscou suavizar a pergunta.

– É! Não tem nada mesmo, não é, princesa?

– Vamos continuar nosso passeio, Afonso! Quero outra vez que passe pelo povoado.

– Mas, menina! Uma princesa no meio daquela gente?

– São diferentes de nós em que, Afonso? Porque não possuem roupas de luxo, nem o alimento necessário, moram jogadas nos becos esquecidos da sorte do povoado, não são filhas de Deus? Jesus era rico ou morava em castelo, Afonso?

– Sabe o que é, menina princesa, o rei, seu pai, pensa diferente. Se ele souber que trago a princesa por esses lados, é capaz de me castigar!

– Como não estamos fazendo nada de errado, Afonso, não é necessário que ele saiba. Assim como ele tem o direito de pensar do jeito dele, eu tenho o direito de pensar do meu jeito, meu amigo!

– Ih! Isso não vai dar certo não, menina princesa. Se eu conheço o rei, não vai dar certo, não!

– Vamos, Afonso! Se preferir assim, isso é uma ordem de uma princesa ao seu cocheiro: leve-me ao povoado novamente!

E os necessitados desfilaram mais uma vez diante dos olhos e do coração dolorido da princesa pelos mais diversos tipos de sofrimentos que tinha oportunidade de contemplar naquele local esquecido pelo rei, mas não por Antônio, o jardineiro, e muito menos por Deus. E que, com o tempo, também não seria mais esquecido por ela, a princesa Angélica.

9

Na casa do jardineiro

Era uma manhã de domingo. O sol convidava as pessoas a contemplar a beleza da natureza. As flores dos jardins reais oscilavam molemente ao sabor da passageira brisa que transportava seu perfume para locais mais distantes. Angélica estava feliz. Elaborara um plano para se aproximar de Antônio. Desceu célere os muitos degraus que a levavam à pesada porta da saída do salão principal do castelo. Antes de alcançar o lado de fora, a voz do rei fez-se ouvir:

– Como é bom ser jovem, Angélica. Já desperta a esta hora? É característica dos mais velhos levantar mais cedo. Está ansiosa para contemplar as rosas?

– Bom dia, senhor meu pai! As rosas já se anunciam por todos os locais do castelo, mas nada como vê-las ainda no berço das roseiras antes de sofrerem as podas. Mas hoje, senhor meu pai, o dia está convidativo para um passeio de carruagem pelos campos do seu reino, senhor.

– Folgo em saber que o motivo é esse. Quem sabe não se encontra com algum jovem da nossa corte para que possamos realizar as suas núpcias?

– Não tenho pressa, meu pai. Estou bem na companhia do senhor meu rei e da senhora rainha, minha mãe.

– Não somos eternos e meu reino precisa de um herdeiro!

– Entreguemos a Deus os desígnios de nossas vidas, meu pai. A hora em que Ele julgar...

– Ora, ora! Você acha que esse seu Deus está de plantão arrumando partidos para você ou para as outras moças do reino?! São decisões nossas! Deixe seu Deus em paz!

Angélica percebeu que não adiantava tentar introduzir um conceito mais completo da Divindade no coração do pai naquele momento.

"Não desistirei, falarei do Criador em todos os momentos que surgir oportunidade. O coração do senhor meu pai é um solo duro, temporariamente refratário às sementes de amor, mas um dia tenho certeza de que germinarão. Papai é um homem que sabe ser rude, iludido com as posses do mundo. Entretanto, é meu dever conduzi-lo ao Criador. Afinal, ele também é um filho Dele que precisa retornar ao rebanho", eram os pensamentos de Angélica que cruzavam rapidamente sua mente enquanto contemplava o rei do alto de sua soberba, como se fosse imortal.

– Bom dia, menina princesa! Vejo que está feliz no dia de hoje – falou o cocheiro.

– Bom dia, Afonso! Estou mesmo muito feliz. Você não é capaz de saber o quanto e muito menos o motivo.

– Pensou a menina princesa em algum lugar especial para esta bonita manhã?

– Pensei sim, bondoso Afonso! Iremos à casa do jardineiro Antônio. Hoje ele não trabalha. Quero conhecer a sua casa.

– Perdão, princesa! Será que ouvi direito? Pelo amor de Deus! Se o senhor seu pai imaginar uma coisa dessas, estarei perdido, menina princesa!

– Como já disse anteriormente, não estamos fazendo nada de errado. Por isso mesmo, nada devemos temer.

– Perdão novamente, princesa! Vejo que não conhece do que o rei é capaz quando contrariado ou, o que é pior, se se sentir desafiado!

– Já tive pequenas amostras disso, Afonso! Mesmo assim, vamos, meu bom amigo! Não vamos deixar que o mau humor do meu pai estrague este dia. Vamos!

Embora muito temeroso da reação do rei, caso viesse a saber do passeio da princesa, Afonso não podia desobedecer a ordem recebida, e a carruagem seguiu célere passando pelo povoado onde Angélica tornou a contemplar os miseráveis, fisicamente falando, que por ali apresentavam suas chagas rogando desesperadamente por algum socorro.

A casa de Antônio, o jardineiro, ficava um pouco além do aglomerado de sofredores, em uma parte mais alta de uma colina próxima. Sob as ordens do cocheiro, os animais estacaram diante de uma habitação bastante humilde, pequena, mas extremamente agradável à visão.

Angélica desceu sem o auxílio de Afonso e foi, ela mesma, bater à porta. Ao abrir, Antônio demonstrou seu espanto com a princesa naquele local.

– Princesa! Que está fazendo aqui? Sai de um castelo e vem ao povoado e à minha acanhada moradia?!

– Exatamente por morar em um castelo que resolvi conhecer lugares diferentes, Antônio. Como o conheço dos jardins reais e de suas bem cuidadas rosas, nada melhor do que procurá-lo para que me mostre esses locais desconhecidos pelos que moram na corte.

– Mas, princesa!...

– Se prefere assim, isto é uma ordem. Quero conhecer um pouco mais da sua vida e da vida do pessoal do povoado.

– Mas se o rei ficar sabendo, ele...

– Um rei que deseja reinar em favor do seu povo deve conhecê-lo melhor, não acha, Antônio? Seria muito bom que meu pai também estivesse aqui. Conhecendo todo esse sofrimento que desfila aos olhos de quem não ignora o povoado, talvez conseguisse reinar com mais sensibilidade e bondade!

– Sim. Mas o senhor seu pai não pensa assim!

– Bem, já chega de falarmos sobre meu pai com você e com o Afonso. Vamos conversar um pouco sobre a sua vida honesta aqui nesta pequena casa, meu bom jardineiro.

Angélica entrou no ambiente acanhado onde Antônio e o pai moravam. O velhinho não andava mais. A idade lhe trouxera dificuldades para as pernas enfraquecidas. Tinha de ser transportado no colo, pelo filho, do leito à mesa humilde para suas refeições. O asseio corporal era realizado também pelo filho dedicado.

– Como pode observar, princesa, minha vida nada tem de interessante para a senhora conhecer. É a vida de um homem do povo, uma vida comum que não acrescenta nenhum valor à sua.

– Depende de como encaramos as coisas, meu amigo! No castelo temos de tudo pelas mãos dos serviçais. Basta que eu peça alguma coisa, e lá está Luiza a fazê-la para mim ou por mim. Aqui, você mesmo providencia o que o senhor seu pai necessita, como um filho dedicado que é. São lições que não existem onde moro. Desde que levanto, vivo rodeada de jovens a auxiliar-me praticamente em tudo.

Antônio sorriu da colocação da princesa, que, apesar de jovem, demonstrava um senso acurado de observação dos fatos da vida, sendo, portanto, muito diferente do pai.

– Como pode ver, princesa, não há nem mesmo uma casa digna para receber a sua pessoa. O que poderia existir em minha vida que possa lhe interessar?

– Por exemplo, Antônio, qual é a sua rotina em relação ao seu pai, que é dependente seu fisicamente?

– Cumpro a minha obrigação de filho, princesa! Levanto bem cedo antes de ir trabalhar no castelo, dou o banho de que ele necessita em uma tina que improvisei para lavá-lo e providencio a alimentação da manhã. Depois sigo rapidamente para os jardins reais, onde trabalho com as rosas que enfeitam o castelo. Com a permissão do rei, volto rapidamente para casa e providencio mais alimento para meu pai, retirando-o da cama e levando-o à mesa novamente. Retorno o mais ligeiro possível para continuar minha tarefa no castelo. Ao retornar à noite acabo por alimentar mais um pouco meu pai, limpo a casa, que é muito pequena, faço minha higiene pessoal, como alguma coisa e recolho-me ao leito porque na manhã seguinte tudo se repete. É o que faço aqui, princesa! Como disse, nada existe aqui para ser aprendido por uma princesa.

– Mas dizem que você ainda faz muitas outras “artes”, Antônio!

– Como assim, princesa? Outras “artes”?

– Sim. No povoado próximo.

– Ah! Sim. Procuro arrumar tempo para visitar as pessoas mais pobres do que eu, princesa! Sempre existe alguém em situação pior do que a nossa neste mundo de Deus. São pobres viúvas com vários filhos, que o marido abandonou. Infelizes soldados mutilados nas guerras de conquista, esquecidos pelos seus senhores a quem dedicaram a própria vida. Pessoas vitimadas por doenças que causam repulsa e que estão marginalizadas. Aqueles que vivem sem um teto onde se refugiarem do frio do inverno rigoroso. Aquelas outras que não possuem sequer um pedaço de pão para ofertar ao filho faminto. Outras ainda, cobertas de trapos que não protegem nada seus corpos seminus. Crianças atiradas à caridade alheia, abandonadas pelos próprios pais que se comportam abaixo da escala animal. Ah! Princesa! São tantos os sofredores que aqueles que tudo possuem para uma existência farta ignoram que existam!

– É isso aí, Antônio! Não quero ser mais uma das que ignoram a existência pontilhada das mais diversas dores dessas outras pessoas. Não quero continuar escondida no castelo alheia a esses sofrimentos. Quero me envolver com eles. Participar da vida dessas vítimas auxiliando de alguma maneira. Tenho buscado muitas respostas para compreender a vida e a Deus, de maneira que a realidade que salta aos nossos olhos não nos leve à descrença!

– Mas, princesa! O rei e senhor seu pai jamais permitirá que se atreva a vir participar da vida das pessoas do povoado! Não conhece do que o rei é capaz quando contrariado em suas ordens! Até mesmo com a própria filha! Se ele souber, por exemplo, que me atrevi a abrir as portas da minha humilde moradia à princesa, não sou capaz nem de imaginar do que ele será capaz para punir-me!

– Tenho meu aliado na figura do bom Afonso. Ele me trará até a sua presença, Antônio, sem que o rei suspeite.

– Quanta ingenuidade, princesa! Para agradar ao rei e obter alguma recompensa, este lugar está repleto de espiões! Sua vinda até este local não ficará muito tempo sem ser denunciada.

– Meu pai jamais receberá um desses infelizes do povoado que, porventura, queira nos denunciar, Antônio! O orgulho do rei não permitirá jamais que alguém do povoado chegue até sua presença.

– Acredito nisso, princesa! Entretanto, não se esqueça de que a denúncia poderá vir de alguém de dentro do próprio castelo. Aquelas pedras escuras e frias, silenciosas na aparência, guardam olhos perigosos a espreitar qualquer oportunidade que lhes possa favorecer, por denunciar a sua presença neste local. São como caçadores de recompensa! Afonso, da mesma maneira, não se furtará da ira do rei, seu pai. Tem uma vida bela pela frente, princesa! Não convém arriscar tudo a troco de nada.

– Como assim de nada, Antônio? Então, ajudar as pessoas infelizes não representa a oportunidade de enviarmos "pedaços" de luz que serão transportados para o outro lado da vida para confeccionar nossa futura moradia? Quando fazemos o bem aqui no mundo, Antônio, estamos preparando a nossa morada do outro lado para onde iremos após a morte.

A princesa não se lembrava, quando desperta, da expressão exata de Joanna denominando o bem praticado como "tijolos de luz", mas guardara o fundamento da lição de que o bem prepara o local para onde iremos depois desta vida, o que a levara a trocar a palavra "tijolos" por "pedaços" de luz.

– Como assim, princesa?!

Angélica, muito feliz por poder ensinar a primeira coisa a Antônio, contou-lhe o sonho que tivera com uma senhora bela e nobre que lhe mostrara locais de rara beleza destinados àqueles que praticam o bem na Terra. Contou também que conheceu lugares de grande tristeza e dor que aguardam os maus, que serão mergulhados em grande escuridão. Apenas não contou o conselho que ouvira sobre ele mesmo, o jardineiro, e que ficara gravado na acústica da alma, classificado pela senhora do sonho como uma alma boa e nobre, "homem simples, mas de grande sabedoria"! Não podia estragar a linda surpresa que ele teria um dia em seu retorno para a vida imortal a recolher os frutos da sua bondade. Queria apenas começar a construir a sua moradia do outro lado com a prática do bem ao semelhante enquanto no mundo dos homens. Que melhor professor poderia conseguir senão um simples e apagado jardineiro aos olhos do mundo ilusório da corte, onde seu pai ocupava o cargo máximo como rei e senhor das coisas e das pessoas, no julgamento totalmente equivocado dele mesmo? Antônio se constituiria seu grande professor, já que do próprio pai nada podia esperar nesse sentido!

À medida que os reencontros entre Joanna e Angélica ocorriam, mais conceitos iam sendo incorporados em sua mente quando desperta, sem atingir, evidentemente, o sentido total dos ensinamentos recebidos na dimensão espiritual.

10

Muitas lições

Angélica retornou radiante ao castelo. Acreditava ter estabelecido um contato mais estreito com Antônio, o jardineiro, seguindo as intuições que lhe foram passadas em desdobramento, durante o sono do corpo, por Joanna.

"Ah! Assim Deus permitisse que nesta noite eu pudesse sonhar com aquela senhora novamente! Queria colocá-la a par do progresso que realizei hoje, ao me aproximar desse homem simples, bom e sábio, sobre as lições que a vida tem a nos oferecer", Angélica pensava.

Entretanto, seus pensamentos felizes foram interceptados pela voz autoritária do rei, seu pai:

– Vejo que o passeio desta manhã lhe fez muito bem, minha filha! A sua alegria interior irradia-se também para o exterior. O que viu de belo no passeio desta manhã que a deixou nessa euforia toda? – perguntou com tom de voz que revelava a sua desconfiança na filha.

– Muitas coisas, meu pai e senhor! Vi a beleza dos campos do seu reino. Vi também as pessoas do povoado.

– O quê? Você foi até aquele local?

– Sim, meu pai! Lá também pertence ao seu reino.

– Não temos nada a ver com aquelas pessoas! Aliás, quem tem tudo a ver com elas é o seu Deus. Por que Ele não faz alguma coisa por elas? Saberia me responder?

– Sim, meu pai! Nosso Deus age por meio daquilo que podemos fazer. O que Ele pode fazer por aqueles infelizes está ao alcance do que nós podemos fazer por eles.

– Essas suas ideias e essas suas palavras desonram sua posição de princesa! Quantas moças gostariam de estar na sua situação, e você me vem com essas ideias de freira! Creio que ficaria melhor num convento do que aqui no castelo.

– Meu pai, onde estivermos e na posição social em que nos encontrarmos, podemos servir a Deus. Posso servi-Lo estando aqui no castelo e na posição de princesa desde que me disponha a auxiliar aquele que sofre.

– Você está me irritando com essa conversa de freira desiludida das coisas do mundo! Ou será que está tentando me desafiar? Se essa for a verdadeira intenção, eu me esquecerei de que é minha filha e darei a você o que está por merecer com essa ladainha de Igreja.

Angélica mais uma vez estava na companhia espiritual de Joanna. Ela sugeriu por meio da intuição que encerrasse a conversa que tomava rumo não aconselhável para o momento.

– Perdão, meu pai! O senhor tem, da minha parte, todo o respeito que merece como meu pai e rei. Não tive a intenção de desafiá-lo em momento nenhum.

– É melhor que seja assim mesmo. Caso contrário, esquecerei que é minha filha! – disse o rei sem estar muito convencido da sinceridade daquela colocação de Angélica.

A jovem princesa passou o resto do dia em seu quarto, maravilhada com o progresso que havia feito em relação à aproximação de Antônio. Naquela noite desejava ardentemente se reencontrar em um novo sonho com o ser bondoso que a deixava reconfortada para as lutas de cada dia.

– Até já estou com saudades dela! – suspirou Angélica.

Na sua prece antes de adormecer, pediu a Deus que permitisse um novo sonho com a senhora boníssima na presença da qual se sentia plenamente revigorada, e foi ouvida. Após sensações semelhantes às experimentadas das outras vezes, viu-se na presença da amiga espiritual.

– *Seja bem-vinda novamente, minha filha!*

– Já sentia muita falta sua, senhora! Tenho novidades para contar. Estive hoje na casa onde Antônio mora. Moradia humilde, mas habitada pela paz do mundo.

– *Nunca duvide que Deus esteja presente na sua vida, Angélica! E como Ele sempre está, permite-nos mais este encontro para falarmos como verdadeiras amigas. Que notícias boas me traz?* – colocou Joanna como se estivesse num diálogo onde nada soubesse do ocorrido com Angélica.

As boas intenções de Angélica, o seu desejo real de aproximar-se das pessoas que a orientassem a buscar o aspecto positivo da vida, proporcionavam uma maior lucidez da jovem quando desdobrada. Ainda que, quando desperta no corpo, essas lembranças não possuíssem lucidez completa, deixavam registradas fortes intuições que permitiam uma orientação da princesa em direção ao bem, aos tesouros morais que podem ser recolhidos na escola da Terra.

– *Nosso amigo Antônio, princesa, é um homem que cumpre suas obrigações morais que o impulsionam para Deus. Sua aproximação com ele irá proporcionar a você uma riqueza muito grande de conhecimentos e de ações em nome do amor ao semelhante. Antônio é rico daquele tesouro que os ladrões não roubam e nem as traças corroem.*

– Se ele é uma pessoa tão boa assim, por que Deus não o colocou na posição de rei em lugar do meu pai? Como rei, ele poderia ajudar todas aquelas pessoas do povoado, que meu pai despreza.

– *Muito simples, Angélica! Antônio já aprendeu a humildade. O rei, seu pai, está no poder para ter a oportunidade de aprender a ser simples no meio da opulência, entendendo que os títulos do mundo ficam no mundo e que as conquistas do espírito, tal como a humildade, é transportada para onde o espírito se dirigir.*

– Mas meu pai está fracassando! De que está adiantando a posição social de importância para ele, se é extremamente orgulhoso e indiferente para com a dor alheia?

– *O erro também é um meio de se aprender as lições de que necessitamos. Aliás, para os Espíritos mais rebeldes, os ensinamentos advindos dos erros marcam de maneira indelével aqueles que erram porque são administrados por meio da dor. E as lições obtidas por intermédio do sofrimento são persistentes e difíceis de serem esquecidas. Dessa maneira, mesmo que o senhor seu pai não esteja aproveitando a oportunidade de reinar para empregá-la em favor do bem de todos, depois virá a corrigenda, Angélica. Nos fatos da vida temos a oportunidade de nos conhecermos para saber onde temos que nos modificar. Se não enfrentamos nenhum desafio, não sabemos como está nossa resistência. O rei tem a oportunidade de socorrer todos os seus súditos em dificuldades. Tem a oportunidade de reinar em favor da maioria, sem egoísmo ou injustiça. Se fracassar, terá novas chances em situações adversas para que se quite diante da própria confiança.*

– Quer dizer que Antônio já foi rei?

Joanna sorriu da colocação simplista e ingênua da pupila e esclareceu:

– Não necessariamente, minha filha! Podemos desenvolver a humildade e o espírito de solidariedade sem termos sido rei ou rainhas ou alguém de importância parecida. Jesus nunca foi o rei dos judeus como os homens da época julgavam que Ele viesse a ser, mas deixou--nos exemplos de extrema humildade nascendo numa manjedoura onde estavam os animais. Se fosse preciso termos sido rei para aprendermos a ser humildes, Ele teria renascido nessa condição. Mas, ao contrário, demonstrou-nos que é possível chegar ao máximo amor ao próximo mesmo sendo extremamente humildes e pobres de valores materiais!

– Como assim, não estou entendendo?!

– Façamos o seguinte: as lições são muitas, minha filha! Não vamos sobrecarregar sua cabecinha com muita coisa de uma vez. É preciso paciência e dedicação para entender o Universo, fruto do amor do Pai. Marcaremos novos encontros com a permissão de Deus, e terei enorme prazer de ir transferindo para você o que estiver ao meu alcance. Mantenha sua proximidade com Antônio, que será assim uma espécie de seu professor quando estiver no mundo dos homens. Eu estarei aqui para completar os ensinamentos dele quando a Bondade de Deus permitir estes nossos encontros.

Feita essas últimas colocações, Angélica foi conduzida de volta ao corpo adormecido, que esboçou suaves movimentos em seu leito de princesa sinceramente desejosa de aprender e colocar em prática o amor para com os mais desfavorecidos pela sorte.

11

O rei e o confessor

O rei mandou chamar o padre Victor, que confessara a sua filha.

Ele precisava arrancar do confessor alguma informação sobre Angélica. A conduta estranha da jovem incomodava o poder real. Afinal, ele, como figura máxima do reino, não admitia nenhuma contestação, e todos, inclusive a própria filha, deviam-lhe obediência.

Ele aguardava o padre em uma sala mais íntima. Nesse ambiente mais reservado esperava arrancar algumas informações do religioso.

– Mandou chamar-me, Majestade?

– Sim. Sim, padre! Entre. Precisamos conversar.

– E em que posso servi-lo, Majestade?

– Padre Victor, minha filha Angélica tem andado muito estranha, inclusive com colocações nas quais estou sentindo um desafio à minha autoridade máxima do reino. Por isso mesmo, recomendei que ela se confessasse com o senhor, para que fosse orientada melhor nessa fase de sua existência. Creio que ela obedeceu esse meu pedido, correto?

– Sim, Majestade! A jovem princesa esteve no confessionário no mesmo dia do seu pedido.

– E?...

– Majestade! Peço a sua compreensão para com os segredos que um padre escuta.

– Mas então, se é coisa que não pode revelar, deve ser muito grave!

– Também não é assim, Majestade. São palavras próprias dos jovens empolgados com a vida que neles existe em toda a sua exuberância. Dizem coisas que é fruto da inexperiência da idade.

– E sua consideração para com o rei não é suficiente para que eu possa ficar sabendo o que acontece com a minha própria filha em meu castelo, padre Victor?

– Posso garantir-lhe que nada de tão grave assim, Majestade. Se os fatos atingissem a proporção de comprometer a segurança da jovem princesa, colocaria sua autoridade de rei em primeiro plano, Majestade!

– Não sei não, padre! Essa menina anda muito estranha. Tem saído a passeios muito mais frequentes que antes. Não sei se procura por algo ou por alguém. Inclusive quando demonstro minha vontade de que ela se case e me dê um herdeiro, ela desconversa. Isso não é próprio de uma jovem na idade de se casar. O senhor não acha, padre?

– Pode ser que esteja influenciada por alguém, Majestade!

– Então ela lhe confessou de quem se trata?!

– Não. Não foi isso que quis dizer, Majestade! É só uma suposição. Não me confessou nada. Apenas uma colocação que fiz como se estivesse pensando alto.

– E diante do que ela lhe disse em confissão, o que me sugere, padre Victor?

– A única sugestão que posso fazer é essa, Majestade! Vamos procurar saber com quem a jovem princesa tem mantido contato para verificar se está sendo influenciada em seus pensamentos por alguma pessoa.

– Mas como vou fazer isso sem que ela desconfie?

– Majestade, o senhor mesmo disse há pouco que a jovem princesa tem saído mais frequentemente a passeios do que antes. Inteligente como é, não lhe faltarão ideias de como segui-la com segurança para descobrir algo, Majestade!

O rei deu um resmungo, coçou a ponta do queixo, apalpou a barba e comentou baixinho:

– Pode ser uma saída, padre Victor! Vou pensar mais seriamente nessa sua ideia.

Antes que o padre se retirasse, o rei colocou:

– Contudo, padre, não estou dispensando a sua colaboração. Tenho certeza de que, se souber de algo, auxiliará seu rei e um pai extremamente amoroso e preocupado com a filha, não é, confessor? Afinal, a sua Igreja e o rei se dão muito bem, se é que me entende, padre!

– Claro, Majestade! Ouso dizer, com a sua anuência, que não somente a Igreja e o rei se dão muito bem, mas esse humilde servidor também sabe compreender a figura real e paternal extremamente preocupada com a sua única filha, Majestade!

Após essa troca de palavras mordazes e embutidas de segundas intenções, a figura do padre, com leve reverência, afastou-se do local, deixando o rei mergulhado em novas conjecturas.

"Preciso dar um jeito de vigiar essa menina mais de perto. Não pode um homem com a minha astúcia ser enganado por uma jovem inexperiente e com total desconhecimento dos fatos da vida!"

Deliberou chamar a filha à sua presença. Iria encaminhar seus propósitos logo após a conversa com o padre confessor. Alguns minutos depois de recebida a ordem para que comparecesse à presença do pai, Angélica ali estava e dirigiu a palavra a ele após a reverência de praxe:

– Mandou chamar-me, senhor?

– Sim, minha filha!

– E em que posso servi-lo, meu pai?

– Sabe o que é, Angélica, tenho visto a alegria em sua face rosada e bela após os passeios que tem realizado pelos domínios do meu reino.

– É verdade, meu pai! Tenho descoberto recantos antes desconhecidos pelo fato de viver mais tempo no interior do castelo do que procurado conhecer o seu reino, senhor!

– Pois é, minha filha! Foi aí que pensei o seguinte: talvez, acompanhando-a, possa despertar em mim a mesma alegria com que a vejo chegar ao castelo. Creio que estão a me faltar os olhos da mocidade na apreciação de tudo o que é meu. Os jovens descobrem segredos onde os velhos já não os enxergam mais. Talvez, vendo os meus domínios com os seus olhos azuis e belos, eu possa alegrar a minha alma, minha filha! – dizia o rei com astúcia.

As verdadeiras intenções do pai não passavam despercebidas da princesa. Entretanto, ela precisava ser mais esperta do que ele estava tentando ser.

"Não vou abrir mão de meu plano de continuar a visitar Antônio e aprender com ele como enviar 'pedaços' de luz para o outro lado da vida. Mas, se o meu pai apenas sonhasse com essa minha resolução, o desastre se instalaria e com a mais absoluta das certezas ele me proibiria de sair do castelo. Além da maldade que faria com o pobre jardineiro sem nenhuma dúvida", eram os pensamentos que desfilavam céleres pela mente da princesa enquanto resolvia o que responder ao rei.

Percebendo os segundos de vacilo da filha e ficando ainda mais cismado do que antes, o monarca insistiu:

– E então, minha filha? Levará seu velho pai para os próximos passeios a descobrir os recantos e encantos do reino?

– Meu pai, aquilo que para mim é belo pode não sê-lo aos seus olhos, senhor!

– E por que poderia acontecer de ser assim? O que poderia não parecer belo aos meus olhos como aos seus, minha filha?

– Por exemplo, papai: gosto de ir ao povoado observar aquela gente sofrida.

– Angélica! Já lhe disse que isso não é um comportamento compatível com o de uma princesa!

– Não entendeu a minha intenção, senhor meu pai!

– E o que será que não entendi?

– Ao contemplar aquela gente que não tem nem o necessário para viver, posso medir a minha felicidade aqui no castelo, senhor – colocou habilmente a princesa.

– Mas para ter essa certeza bastaria ter ido lá uma única vez! Nada naquele lugar muda, só piora!

– Quanto mais piora, meu pai, mais vejo como tenho tanto e devo agradecer por isso, não é assim?

– Pode até ser, mas não me agrada nem um pouco minha filha única naquele lugar. Não percebe que pode ser agredida por aquele povo que me odeia?

– Senhor! Aquelas pessoas mal têm forças para sobreviver! Nunca conseguiriam alcançar-me!

– Mas é mais fácil alcançar a filha do rei do que ao próprio rei. Fariam um sacrifício para tentar atingir-me na sua pessoa, Angélica!

– Se me permite, senhor, por que julga que seja odiado por aquele povo?

– Exatamente porque nascemos em um castelo, e eles, na pobreza extrema. Vivemos com todo o conforto do mundo, e eles nada possuem. Temos o ouro, e eles, a miséria. Somos o poder, e eles, a escória. Não são razões suficientes?

– E se os ajudássemos em sua miséria, meu pai? Poderia ser amado mesmo na posição de rei! Mesmo com toda a sua fortuna!

O rei soltou uma enorme gargalhada:

– Vejo que você é muito ingênua, minha filha! Os ricos sempre serão odiados pelos pobres! O único jeito de satisfazê-los de maneira plena é trocarmos de lugar com eles. Talvez aí eles passem a me amar, como diz. E, quando estiverem no meu lugar, passarão a ignorar-me e abandonar-me à minha própria sorte. Ah! É claro! E a odiar-me também!

– Não se não forem esquecidos e abandonados como estão hoje, meu pai!

– Angélica! Não se atreva a me desafiar! Não admito isso de ninguém, nem de você, minha filha! Você não irá mais àquele lugar! É uma ordem do seu rei! Se descumpri-la, você e quem mais estiver envolvido verá do que eu sou capaz! Vá confessar-se com o padre Victor para ver se ele põe mais juízo em sua cabeça. Pode retirar-se!

Angélica repetiu a reverência e saiu dali entristecida.

"Agora entendo por que razão a moradia do outro lado da vida dos que não praticam o amor ao semelhante era tão pobre, triste e horrível como Joanna mostrou-me no sonho!"

12

Uma triste noite

Aquela noite, Angélica estava triste por dois motivos: pelas palavras agressivas do pai dirigidas a ela e pela triste sorte que aguardava o pai soberbo e inflexível do outro lado da existência.

"Como adverti-lo do que o aguardava do outro lado da vida se o rei não acreditava em mais nada além dos poderes que o mundo lhe conferia? Como seria bom se naquela noite a senhora amorosa pudesse vir em meu consolo!", meditava a princesa no interior do seu quarto enquanto lágrimas lentas de tristeza deslizavam pelas faces rosadas da jovem.

Não sabia Angélica, mas Joanna apenas aguardava o desdobramento de sua pupila para estar ao lado dela na dimensão espiritual da realidade extrafísica. E, assim que o adormecimento envolveu o corpo da jovem princesa, eis que ela viu, em desdobramento espiritual, Joanna sorrindo amorosa ao seu lado.

– Seja bem-vinda mais uma vez, minha grande amiga! – disse abraçando a princesa e percebendo a tristeza que lhe invadia o espírito.

– Ah! Senhora! Hoje estou triste. Diferente da última noite em que trazia notícias encorajadoras do meu encontro com Antônio.

– *É para isso que as amigas servem, Angélica! Para os momentos de alegria em que regozijamos juntas e para os momentos de tristeza em que nos amparamos reciprocamente. Abra o seu coração, minha filha! A tristeza não dividida aumenta muito o seu peso.*

– Meu pai proibiu-me que continuasse os meus passeios, ocasião que aproveito para aproximar-me dos ensinamentos de Antônio, o jardineiro.

– *Realmente, Antônio tem muito a lhe ensinar! É uma alma bondosa que estagia no mundo, vivendo os ensinamentos de Jesus o mais próximo que conseguimos.*

– Pois é, senhora! Meu pai anda desconfiado de alguma coisa e por isso proibiu-me de fazer esses passeios.

– *Contudo, Angélica, a sua consciência está em paz, não é assim?*

– Sim, na mais perfeita paz. Só quero construir minha morada nesse lado da vida enviando os meus "pedaços" de luz para cá! – comentou a jovem agora esboçando um sorriso.

Joanna sorriu com a troca da palavra "tijolos" por "pedaços", mas resolveu não interferir para não causar mais dificuldades de entendimento em Angélica. O importante era a lição que ficara: no mundo, construímos a nossa morada para a dimensão espiritual da vida.

– *Pois então, minha filha! Se temos a paz em nosso íntimo, não devemos esmorecer em nossos propósitos, porque Jesus está sempre conosco nos amparando até vencermos!*

– A senhora acha, então, que devo continuar em busca dos meus objetivos?

– Só posso aconselhá-la, Angélica! A decisão é sempre de cada um. Todos os que serviram no mundo não encontraram facilidades. Aqueles que estão no mundo para servir-se dele sentem-se incomodados com aqueles que desejam servir. O trabalho no bem importuna a consciência dos que jazem parados pelos caminhos da vida, quer seja no corpo ou fora dele. Decidindo por continuar, deve se preparar para receber a incompreensão de todos os que preferem a indiferença pela dor alheia, o comodismo diante dos problemas dos demais.

Angélica permaneceu abraçada em Joanna como se estivesse reabastecendo-se de forças novas para as decisões futuras que deveria tomar. Algum tempo depois foi reconduzida ao corpo físico.

Despertou naquela manhã mais consolada e determinada em conseguir alguma solução para driblar a ordem do rei de não dirigir-se ao povoado.

– Preciso pensar uma solução, meu Deus! Não posso deixar o aprendizado com Antônio perder-se! Conversar com ele aqui no castelo é impossível! Mas o que fazer?

Dirigiu-se ao local onde o rei estava naquela manhã. Após a devida autorização, entrou no recinto.

– Meu pai?

– Sim, Angélica! O que a trouxe até aqui? Finalmente entendeu que tenho razão nas minhas colocações do dia de ontem, desde que cismou com as suas visitas àquele povoado?

– Senhor, creio que entenda que uma jovem como eu deseje movimentar-se. Ficar parada dentro do castelo leva-me ao tédio.

– Por que, então, não se aventura em procurar um jovem de quem goste para celebrarmos o seu casamento? Como já disse, preciso de um neto para herdar tudo o que possuo. A vida passa rápida e não sei de quanto tempo disponho para essa espera.

– Casamento não faz parte de meus planos para o momento, meu pai!

– Mas já está na idade de casar e ter filhos! Dezesseis anos! Sua mãe era muito mais jovem quando nos casamos. Vai esperar ficar velha? Apesar de toda a minha fortuna, ficará mais difícil encontrar pretendentes!

– Gostaria de pedir outra coisa, meu pai!

– E do que se trata?

– Já que desagradam ao meu rei meus passeios ao povoado...

– Desagradam e muito! Aquele lugar não é para uma princesa, mas para as pessoas daquela laia!

Angélica fazia força para se controlar perante as manifestações de desprezo do pai pelos sofredores daquele local.

– Pois então, meu pai! Peço-lhe que me leve à caça com o senhor. Dessa maneira poderei divertir-me também.

– Mas será que estou ouvindo bem? Uma moça ser levada a caçar com o pai no meio só de homens?

– Pelo menos, senhor, estarei sob sua vigilância! Estarei protegida pela sua companhia! Quem se atreverá a algum comentário sobre a filha do rei, que está a passeio na presença do monarca poderoso como o senhor? Se der seu consentimento, quem ousará desafiá-lo?

Angélica conduzia bem o diálogo ao elevar a autoestima do rei. A massagem no orgulho e na vaidade real surtia efeito.

– Nisso tem razão! Quem se atreveria a contestar uma ordem real ou a fazer algum comentário desairoso sobre a filha do rei? Além disso, quem sabe não encontra algum jovem da nobreza em alguma dessas caçadas e me dá um neto?

– Ah! Quer dizer que nas caçadas vão os jovens não casados, meu pai?

– É claro que sim! Caçadas é distração para homens!

– Então! Quem sabe, não é, meu pai? – colocou habilmente a princesa.

O rei tamborilou os dedos sobre o tampo de madeira maciça onde se encontrava e ponderou:

– Contudo, temos um problema. Você não sabe cavalgar! E precisa aprender a dominar bem o animal sob seu comando porque caçar exige uma destreza muito grande do cavaleiro sobre o cavalo que o conduz!

– Afonso poderia ensinar-me, meu pai!

– E por que Afonso?

– Por se tratar de homem da sua total confiança, senhor!

– Que foi da minha total confiança, você quer dizer. Se fosse, não a teria levado ao povoado.

– Entretanto, recebeu ordens minhas, senhor meu pai! Não poderia descumpri-las! Se receber ordens diretas de Vossa Majestade, procederá da mesma maneira, sendo-lhe fiel!

O rei contemplou a filha de cima a baixo, coçou a barba em sinal de desconfiança, ajeitou a coroa sobre a cabeça e ponderou:

– Não sei, não! O que você está realmente pretendendo, Angélica? Se pensa que pode me confundir, verá que está enganada. Totalmente enganada!

– Prometa-me ao menos pensar sobre o assunto, meu pai. Converse com a mamãe.

– Sua mãe não decide nada. É uma frouxa quando se trata de tomar decisões. Só sabe mandar em alguns setores aqui do castelo, mas na maioria das coisas a palavra final é sempre minha.

– Então resolva o senhor mesmo, meu pai! Ficar presa no castelo me enfastia a alma. Sou como o meu rei. Gosto de estar sempre em movimento. Promete ao menos pensar sobre o assunto?

– Um rei não promete nada, Angélica! De repente, sem que eu fique a pensar, a resposta já surge pronta. Se algum dia tiver alguma ideia sobre o seu pedido, mandarei chamá-la para comunicar-lhe. Enquanto isso, não se afaste do castelo. Lembre-se de que é uma ordem.

– Sim, senhor meu rei e pai!

Retirou-se da presença do pai a cismar. “Preciso comunicar de alguma maneira a Antônio que não desisti das pessoas do povoado. Que não desisti de aprender com os seus exemplos de vida. Entretanto, preciso avisá-lo sem que meu pai fique sabendo, porque senão... O bom jardineiro saberá que irei voltar para aprender e, principalmente, praticar suas lições. Hei de encontrar um meio de avisá-lo!”, pensou Angélica ao sair do salão.

13

Plano e traição

Angélica teve uma ideia. "Já sei! Vou pedir ao rei para ir escolher umas rosas de minha preferência para enfeitar meu quarto. Ele explodirá de raiva e irá, com toda certeza, negar. Mas deixarei minha arma secreta já pronta."

Saltitante de alegria pelo plano concebido para avisar Antônio de que ela voltaria a procurá-lo, ordenou que as jovens presentes para auxiliá-la pela manhã chamassem Luiza, a serviçal de sua inteira confiança.

– Chamem Luiza. Preciso falar com ela. Quando chegar, vocês todas estão dispensadas, meninas! – disse batendo com as palmas das mãos uma na outra de alegria.

Bateram à porta do quarto da princesa.

– Luiza?

– Sim, princesa!

– Entre, minha amiga!

Já no recinto do quarto e com as demais moças tendo se retirado, Angélica expôs a seguinte situação:

– Luiza, preciso de um grande favor seu.

– Estou aqui para servi-la, princesa!

– Quando eu avisar, quero que entregue este bilhete ao jardineiro. Estou querendo decorar melhor meu quarto com as rosas que ele tão habilmente cultiva, mas o rei, com certeza, não me deixará ir pessoalmente ao jardim real. Então, expus neste bilhete os tipos de rosa que ele deverá enviar, por meio de você, para mim. Entendeu, minha amiga?

– Perfeitamente, princesa! Assim que ordenar, irei ao jardineiro e trarei as rosas de sua preferência.

– Como é bom ter amigas como você, Luiza! – disse Angélica abraçando a jovem cuja face, depositada sobre os ombros da princesa no ato do abraço, não demonstrava a mesma alegria.

– Tome, Luiza! Guarde, por favor, o bilhete. Irei conversar com meu pai e logo virei enviá-la ao bom jardineiro.

Luiza pegou o pequeno pedaço de papel e colocou-o entre a parte superior do vestido e o próprio busto. Enquanto isso, Angélica partiu feliz à procura do pai.

"O plano era perfeito! O rei vai negar o meu pedido de ir até o jardim real. Então, enviarei o bilhete por intermédio de Luiza. O que poderia dar errado?", pensava ela enquanto se dirigia ao recinto onde o rei lia um dos seus livros preferidos.

Fez-se anunciar.

– Entre, Angélica! Que novidades a trazem até a minha presença?

– Desculpe ter atrapalhado sua leitura, meu pai! É que gostaria de decorar meu quarto com rosas e venho pedir-lhe a permissão de ir até o jardim real para escolher aquelas de minha preferência.

– Não! Uma princesa não tem que se dirigir àquele jardineiro. Mande uma pessoa de sua confiança, mas você, não! Tem que se colocar na sua posição, Angélica! E a sua posição como princesa é ordenar para que os outros executem. Por isso, mais uma vez, a resposta é não! Envie uma das moças que lhe fazem companhia para que tragam do jardim tudo o que deseja.

– Está bem, meu pai! Assim o farei. Chamarei uma das moças da minha confiança e ordenarei para que busque o que desejo ao jardineiro – respondeu Angélica intimamente feliz.

"Meu plano deu certo! Agora enviarei Luiza com o bilhete ao jardineiro!", continuava a pensar a princesa enquanto mandava chamar a jovem serviçal em quem confiava.

– Pois não, princesa!

– Luiza, pode ir até o jardineiro entregar a ele o pedido das rosas de minha preferência, que estão relacionadas no papel que lhe dei.

– Assim será feito, princesa! Apenas uma coisa, se me permite.

– Claro que sim, Luiza! Diga...

– Posso deixar o bilhete com o jardineiro e terminar um serviço que estava fazendo? Assim que acabá-lo, retornarei ao jardim e pegarei com o jardineiro as rosas que a princesa pediu.

– Sim, Luiza! Pode acabar o seu serviço. Não há pressa. Nem eu nem as rosas fugiremos, não é mesmo?

Luiza fez a reverência costumeira e partiu. Dali a minutos no salão do rei:

– Majestade?

– O que deseja, ordenança?

– Majestade, tem uma bela jovem desejando falar-lhe. Diz chamar-se Luiza e é uma das serviçais da princesa Angélica.

– Mas o que poderá desejar falar comigo?

– E tem um detalhe, Majestade!

– Ah! É?! E qual seria?

– Deseja falar-lhe a sós, e é muito bonita, Majestade. – disse o ordenança com um sorriso malicioso nos lábios.

– Bem! O que pode uma jovem oferecer-me de perigo? Ainda mais sendo bela! – colocou o rei, com o mesmo sorriso na face e piscando um dos olhos.

– Mande-a entrar e pode retirar-se!

Luiza adentrou o salão segurando com as mãos a saia rodada. Era realmente uma jovem de rara beleza. Digna de ser cortejada por qualquer homem da corte. Inclusive pelo próprio rei.

Prostrou-se de joelhos sem levantar os olhos.

– O que deseja, bela jovem, para solicitar falar a sós com o seu rei?

– Entregar-lhe isso, Majestade!

O pequeno pedaço de papel, com a letra de Angélica, foi estendido pelas mãos trêmulas de Luiza em direção ao rei.

– Mas o que é isso?! – disse o rei desenrolando rapidamente o bilhete da própria filha.

BOM AMIGO JARDINEIRO ANTÔNIO,

Este bilhete tem a intenção de avisá-lo de que não desisti de aprender as lições de amor ao próximo que você está preparado para lecionar-me. Tenho saudades dos sofredores do povoado. Desejo ardentemente ajudá-los. Entretanto, por enquanto não poderei continuar. Meu pai, o senhor rei, proibiu-me de dirigir-me ao povoado. Ele não entende que poderia fazer muito pelo povo sofrido. Mas eu, graças ao bom Deus, entendi a tempo que poderei ajudar e muito! E conto com os seus ensinamentos para fazê-lo. Aguardo ocasião mais propícia para continuar. Se entendeu o recado que Luiza, minha amiga, está a lhe entregar, envie-me por ela um ramalhete de rosas rubras com uma branca no centro. Em tempo, meu amigo, tem visto e conversado com a sua mãezinha que já se foi para o céu?

De sua amiga,

Angélica

A face do rei ficou rubra como o vinho que costumava tomar. Esmagou o bilhete com as mãos como se desejasse esmagar a figura do jardineiro.

– Mas o que é isso?! Uma traição da minha própria filha e daquele infeliz do jardineiro? – esbravejou o rei.

Os olhos estavam injetados de sangue. A face contraída em expressão de ódio. Esmurrou a mesa. Luiza estava quase arrependida de ter entregado o bilhete. Mas agora não era possível voltar atrás.

O rei indagou extremamente colérico:

– Foi minha própria filha quem lhe entregou esse bilhete para ser entregue àquele maldito jardineiro?

– Sim, Majestade!

– E por que o trouxe até mim?

– Porque devo servir em primeiro lugar ao meu rei e senhor – colocou habilmente Luiza.

– Vou esmagar aquele verme com minhas próprias mãos! E Angélica colocarei em uma prisão dentro do castelo!

– Majestade!

– O que é?

– Se me permite uma sugestão, Majestade!

– E qual seria?

– Em vez de tomar decisão neste momento de ofensa muito grande contra sua autoridade, deixe os fatos se desenrolarem. O senhor colecionará mais provas contra todos aqueles que ousam desafiá-lo, Majestade!

O rei estancou seus passos nervosos, dirigiu-se até uma das pequenas janelas daquele local, lançou seu olhar ao longe como se estivesse buscando algo no horizonte que pudesse atingir com as vistas. Depois voltou com passos lentos até onde Luiza se encontrava, cabisbaixa.

– Não é somente bela, jovem! É também muito inteligente! Será que os moços desta corte são cegos? Se parece mais comigo do que a minha própria filha, que me apunhala pelas costas.

– Majestade, Angélica é uma pessoa muito boa. Deve estar iludida com a conversa desse tal jardineiro – disse Luiza com o intuito de fazer-se de amiga de Angélica perante o rei.

– Pode ser, Luiza! Mas vou seguir a sua sugestão. Fingirei que não sei nada sobre esse bilhete que você me entregou como prova da sua fidelidade ao seu rei e senhor. Fidelidade essa que saberei recompensar – disse isso e estendeu as duas mãos em direção a Luiza.

– Pode escolher o anel que quiser. O escolhido será seu imediatamente.

Os olhos da serviçal faiscavam deslumbrados diante daqueles anéis caríssimos. A escolha recaiu sobre um deles, todo feito com ouro maciço do reino e encimado com uma pedra de esmeralda.

– Este, Majestade!

– Vejo que, além de ser bela, inteligente e fiel ao seu rei, possui muito bom gosto, Luiza!

Retirou a peça escolhida do dedo e a estendeu à moça.

– Tome. É seu. E isso é apenas o começo de uma aliança entre você e o seu rei!

– Como assim, Majestade?!

– Continuaremos fiéis um ao outro. Você irá manter-me informado de cada passo de Angélica. Em troca, saberei recompensá-la por toda fidelidade de uma servidora fiel ao seu rei.

Para conquistar ainda mais a confiança da jovem, tomou-lhe pelas mãos e auxiliou-a a se levantar como se ela fosse membro da corte. Aquele ato do próprio rei em ajudá-la a erguer-se da posição de submissão em que se encontrava acabou por derrubar qualquer resistência que ainda pudesse existir no caráter de Luiza.

Algum tempo depois, a princesa recebia em seu quarto um belo ramalhete de rosas rubras com uma branca bem no centro.

– Não é lindo, Luiza? – observou Angélica feliz da vida pela resposta que julgava ser de Antônio por meio das flores.

– Lindíssimo, princesa! – respondeu Luiza tocando discretamente no riquíssimo anel que ganhara do rei e escondera junto ao seio. – Lindíssimo!

14

Com Joanna novamente

Angélica estava exultante novamente naquela noite em que Antônio teria respondido a ela por meio das rosas trazidas por Luiza.

"Agora tenho certeza de que encontrarei um meio de voltar a aproximar-me dele e continuar a aprender as lições de que necessito. Vou orar a Deus para que possa me encontrar o mais rápido possível com a senhora dos sonhos, para que ela fique sabendo dessa notícia promissora!", recostou-se nos acolhedores travesseiros assim pensando a princesa.

Adormeceu muito rápido e viu-se na presença da benfeitora amiga que acompanhava seus planos de investimento no bem.

– *Angélica, eis que a misericórdia de Deus nos permite novo encontro nesta noite em que percebo muita alegria em seu coração.*

– E é verdade, dona Joanna! Tenho uma sensação de que logo poderei voltar a encontrar-me com Antônio e continuar a aprender com ele e com a senhora. De dia, um professor. De noite, uma professora amiga. Dessa forma poderei conquistar os meus "pedaços" de luz e enviá-los para este lado da vida.

— E como tem sido com o rei, seu pai, minha filha?

— Creio que ele acabará cedendo a um pedido meu para aprender a cavalgar. Dessa forma terei mais liberdade para sair sozinha do castelo, sem o perigo de que ele fique vigiando-me por meio de outros. Assim também não envolverei mais ninguém nas consequências de continuar a aprender com Antônio. Quando utilizo a carruagem, mais pessoas são envolvidas e o risco é maior para mim e para os outros. Aprendendo a cavalgar, o risco será só meu. E eu estou disposta a corrê-lo para poder praticar o bem, senhora!

— É preciso ter paciência com seu pai e com as pessoas com as quais convivemos, minha filha! Todos nós precisamos perdoar e sermos perdoados, porque todos erramos, Angélica!

— Mas a senhora acha que estou fazendo alguma coisa errada por desejar praticar a caridade junto às pessoas do povoado, dona Joanna?

— A opção pelo bem é sempre o caminho correto. Contudo, não se esqueça de que essa escolha nem sempre é bem compreendida. Podemos incomodar as pessoas que não desejam ver o bem vencendo o mal. Essas pessoas podem tentar nos atingir. Nessas ocasiões, Angélica, precisamos perdoá-las da mesma forma como precisamos ser perdoadas nas ocasiões em que caímos em erro.

— Entendo, senhora! Saberei perdoar, como preço de poder trabalhar pelo bem do próximo.

— É bom que não se esqueça disso, minha filha! Procure sempre lembrar-se de Jesus, que, por amar-nos incondicionalmente, pagou um preço muito alto, embora diante da maioria dos homens continue sendo um vencedor como O consideramos em nossos corações.

Angélica despertou com a ideia do perdão reverberando em sua mente. Não conseguia encaixar as lembranças de maneira completa para tentar entender o motivo daquela ideia fixa em sua cabeça. Mas, mesmo assim, uma sensação de que conseguiria atingir seus objetivos mantinha-a otimista e feliz.

– Princesa! O rei deseja vê-la! – era Luiza quem anunciava, logo pela manhã.

Angélica procurou atender o chamado do pai o mais rápido possível.

"Tenho certeza de que receberei uma boa notícia! Meu pai deve ter concordado com meu aprendizado para cavalgar. Dessa forma não comprometerei mais Afonso quando desejar ir ao povoado ou à casa de Antônio. Também terei prazer de acompanhar meu pai em suas cavalgadas, apesar de não gostar dessa matança dos pobres animais. Hoje creio que meu dia será de ótimas notícias!", pensava a princesa enquanto apertava o passo em direção ao recinto onde o rei a aguardava.

Após o anúncio de sua presença, recebeu a ordem para entrar:

– Bom dia, meu pai! Mandou chamar-me e aqui estou.

– Inteligente como é, deve pressupor o motivo desse chamamento, não é, Angélica?

– Creio que sim, meu pai! O senhor deve ter chegado a uma conclusão sobre o meu pedido para aprender a cavalgar.

– É exatamente sobre isso que tomei uma decisão.

– E qual foi ela, meu pai?

– Consentirei, mas com uma condição. Saberia me dizer qual é essa condição?

– Estou tão feliz com a sua decisão, meu pai, que qualquer que seja a sua vontade eu a acatarei e continuarei muito grata ao meu pai e rei.

– A condição é a de que seja acompanhada por uma das jovens que lhe fazem companhia, em quem você mais confiar. Se não estou enganado, creio ser a mesma que foi buscar as rosas para você com o jardineiro. Estarei enganado?

– Não senhor, meu pai! Está absolutamente certo! Luiza é a mais velha companhia que tenho e pessoa da minha inteira confiança! Que bom, meu Deus! – exultava a princesa.

– Ah! O nome dela é Luiza?

– Sim, senhor meu pai! Luiza é quase uma irmã!

– Cuidado, Angélica! Você e essa sua mania de se misturar com o povo. Lembre-se de que é uma princesa! Pertence à família real! Por mais que confie nessa moça e goste dela, você é de um nível superior. Não se misture.

– Mas Luiza é tão boa, senhor meu pai! Se a conhecesse melhor, entenderia o que estou dizendo. E creio mesmo que até se afeiçoaria a ela da mesma forma.

– Não me misture às suas amigas, Angélica! Eu sou o rei e como tal devo ser respeitado!

– Sim, senhor meu pai! Então, em companhia dela, Afonso poderá iniciar as aulas de equitação?

– Sim. Em companhia sempre dessa tal de Luiza, em quem você tanto confia, está liberada para aprender a cavalgar. E, assim que dominar a arte de montar, iremos juntos a uma caçada. Quero ver se realmente minha filha conseguiu aprender a cavalgar. Esse é o seu objetivo, não é, Angélica? – disse o rei como se procurasse alguma intenção oculta na filha.

A princesa teve o corpo percorrido por um arrepio diante das colocações finais do pai.

“Estaria o rei desconfiado dos meus desejos secretos? Não podia ser porque não os havia comentado com ninguém, com absolutamente ninguém!”, pensou rapidamente a princesa antes de tornar a agradecer ao rei e pedir licença para se retirar…

15

A necessitada

– Afonso! Minha filha resolveu aprender a cavalgar! Vou confiá-la aos seus cuidados e ensinamentos. Que fiquem muito claras, entretanto, duas coisas: você não a levará em direção ao povoado que fica a oeste do castelo. Temos ótimos locais a leste onde deverá ministrar as suas aulas. Ficou muito bem entendida essa minha ordem?

– Sim senhor, Majestade!

– A segunda condição é a de que deverá sempre estar em companhia de uma jovem de nome Luiza, grande amiga de Angélica.

Um bom observador perceberia que o rei, ao pronunciar essa frase, tinha nos lábios um sorriso irônico. Entretanto, tudo passou despercebido aos presentes pela habilidade de dissimulação do soberano. Finalmente, saíram do castelo: Afonso, com grande responsabilidade; Angélica, feliz com os acontecimentos; e Luiza, observando tudo com seus olhos de lince, que pareciam vasculhar a tudo e a todos. Cada deslize nessa nova moda que a princesa inventara era uma oportunidade para que ela crescesse aos olhos do rei e obtivesse lucros. Faziam parte da comitiva outros serviçais, que levavam os animais necessários ao aprendizado da princesa. Chegando a um local agradável da propriedade real, Afonso deteve os participantes e iniciou as primeiras lições. Angélica exultava:

– Afonso, sele um animal para Luiza também. Quero que a minha amiga aprenda a cavalgar junto comigo.

– Mas, princesa! A ordem do rei é para ensiná-la, e não a mais ninguém! Se acontecer alguma coisa com Luiza...

– Não pensemos assim, Afonso! Eu me responsabilizo pela aula de Luiza. Vamos, meu bom amigo! Afinal, Luiza é uma fiel companheira.

Dessa forma, o grupo iniciou os primeiros passos nas aulas de equitação, que teve momentos hilariantes, devido a total falta de preparo da princesa para o intento. Entretanto, com o persistir das lições, Angélica revelava-se uma aluna dedicada e realmente interessada em ser uma amazona. Em determinado momento, a princesa estancou os passos do animal e apontou com o dedo para a frente.

– Afonso! Olhe quem vem lá! É Antônio! Que fará ele por estes lados se mora exatamente do outro lado do castelo?

– Não sei não, princesa! Antônio não tem sossego. Nas menores folga que o trabalho junto ao jardim real lhe permite, está sempre procurando coisas para fazer em algum lugar. Mas a princesa poderá perguntar diretamente a ele, que já se aproxima a passos rápidos.

Mais alguns minutos e eis que o jardineiro se viu junto ao grupo.

– Olá, amigo Antônio! Você por este local? Qual seria o motivo da sua presença por aqui?

– Princesa! É sempre motivo de alegria revê-la, alteza! – disse o interpelado retirando um largo chapéu de sobre a cabeça.

– E então, meu bom amigo, a que veio em um lugar bem oposto à sua moradia no povoado?

– Dirijo-me, nestes minutos de folga junto aos jardins do castelo, princesa, à casa de uma mulher que jaz no leito há vários anos, vitimada pela cegueira e pela paralisia das pernas. Sempre que posso, trago algumas coisas para ela, que vive da caridade alheia.

– Pensei que o povoado lhe absorvesse todo o trabalho em favor dos sofredores, Antônio!

– Ah! Princesa! Faltam mãos para socorrer os sofredores da vida! Eles estão por toda a parte. Se tomarmos qualquer caminho, qualquer atalho, vamos nos deparar com alguém necessitado de alguma coisa a quem podemos servir com a menor migalha que seja.

Com essas colocações, evocou-se na memória espiritual de Angélica a referência ao jardineiro recebida de Joanna durante seu desdobramento: "Procure se aproximar desse homem humilde, mas de grande sabedoria, que está na escola da Terra para auxiliar seus semelhantes".

– O que tem de humildade possui em sabedoria e bondade, meu bom jardineiro! Quantas lições você não deve ter para ser ensinadas?!

– As lições não são minhas, princesa! São de Jesus quando nos convidou a amar os semelhantes.

– Princesa! Com a sua licença. Desculpe por interromper o seu diálogo com o jardineiro, mas podemos continuar as lições com Afonso? – disse Luiza em tom dissimulado, tentando desviar a atenção de Angélica com relação a Antônio.

– Desculpe, princesa! Não quero interromper a sua diversão – colocou o jardineiro, constrangido.

– Está tudo bem, Antônio! Diga-me uma coisa: o lugar onde essa mulher se encontra fica longe daqui?

– Não, princesa! Creio que mais uns quinhentos metros já terei chegado lá.

– Então, vou com você.

– Princesa! Pelo amor de Deus! Se o rei ficar sabendo disso ele mandará matar-me! – colocou Afonso, profundamente angustiado.

– Meu pai só ficará sabendo se alguém entre nós contar a ele, Afonso! Além disso, não estou fazendo nada errado visitando essa infeliz em seu leito de sofrimentos. Para a sua garantia, Afonso, levarei Luiza comigo.

– Eu?

– Sim, você, Luiza! Vamos, amiga! Vamos aprender o caminho para o céu por intermédio do amor que podemos dar a quem sofre.

– Mas...

– Ora, Luiza! Você também é uma alma boa e gostará de ouvir os ensinamentos de Antônio. Por acaso não deseja ir a um bom lugar após esta vida, minha amiga?

"Que ódio! Mas o rei ficará sabendo de todos os detalhes do que estou vendo por aqui!", pensou Luiza.

Poucas centenas de metros adiante, como previra Antônio, chegaram a um casebre escondido entre a vegetação do local. No seu interior extremamente miserável, jazia num leito a mulher a quem o jardineiro levava algum exíguo recurso, mas que representava muito para a necessitada cega e paralítica.

Antônio dirigiu palavras de carinho e bom ânimo à amiga de longa data. Recebeu em troca os agradecimentos nascidos do íntimo daquela alma em difícil situação. Após rápidos minutos, já que Antônio necessitava voltar ao seu trabalho junto aos jardins do castelo, o grupo retornou até onde Afonso os esperava, junto aos animais e demais componentes da comitiva da princesa. Angélica aproveitou aquela rica oportunidade para colher, junto à sabedoria de Antônio, o máximo de informações.

– Diga-me, Antônio, você consegue entender os motivos dos sofrimentos dessa mulher? Por exemplo, enquanto temos os recursos necessários para uma vida digna, ela vive prostrada em grande sofrimento naquela choupana!

– Ah! Princesa! Os que sofrem resignados ao destino que Deus determinou têm, muitas vezes, uma vida mais digna do que a nossa, provida de tantas facilidades. Não sei explicar as razões pelas quais aquela mulher vive em tão dura provação. Não me atrevo a julgar os desígnios de Deus. Cabe-me apenas auxiliar, sem questionar as razões. Contudo, acredito que, se assim se passa, devem existir motivos justos para que isso aconteça, porque o Criador não erra.

– É, professor Antônio, esta sua aluna aqui tem muito o que aprender!...

– Nosso professor é Jesus, princesa! Eu sou um dos últimos alunos Dele.

"Quanta tolice! Em vez de desfrutar da posição de princesa, que teve a sorte de receber de graça na vida, fica se envolvendo com essa pobreza desprezível e esse jardineiro imbecil!", pensava Luiza observando, afastada e com desprezo, a cena e o diálogo entre Angélica e Antônio. "Mas não perdem por esperar esses três! O rei ficará sabendo de tudo!", concluiu a companhia de Angélica.

16

A lição continua

Angélica retornou ao castelo exultante com o inesperado encontro com Antônio e com a oportunidade magnífica que tivera de obter mais ensinamentos daquele homem simples, mas extremamente caridoso. Já Luiza retornava enfadada pela conversa entre a princesa e o jardineiro, insignificante para ela.

A alegria íntima da princesa abria seu canal mental para a aproximação de Joanna, que se propusera a completar os ensinamentos que sua pupila obtivesse enquanto no corpo. Dessa maneira, já recolhida em seu quarto para o repouso, Angélica não tardou a adormecer e, em desdobramento, viu-se novamente em companhia de sua professora.

– Ah! Estou imensamente feliz de novo. Encontrei-me com Antônio e recebi novos ensinamentos desse homem extremamente bom. Senhora, Antônio seria um santo?

A mentora sorriu da colocação de sua tutelada:

– Antes de mais nada, Angélica, gostaria que me chamasse pelo meu nome: Joanna. Somos ou não amigas? Em relação a sua pergunta,

estamos todos longe, muito longe da santidade, minha filha! Nossa referência deve ser sempre Jesus. Você acha que estamos muito próximos a Ele em nossas virtudes?

– Não, senhora... Desculpe, dona Joanna... É claro que não! Jesus era perfeito!

– *Permita-me uma correção: Jesus é perfeito, minha filha! Sempre será porque Ele continua existindo e nos amparando. Não foi Ele próprio quem disse que estaria conosco até a consumação dos séculos? Pois então!*

– Mas quem é então Antônio?

– *Um espírito que no corpo luta para ser útil ao seu semelhante colocando em prática a lei do amor ao próximo, Angélica! Assim como você também poderá fazê-lo. Assim como devemos todos fazer quando as oportunidades de auxiliar os outros surgem diante da nossa consciência. E elas surgem sempre!*

– E a mulher sofredora que conheci por meio dele, quem seria?

– *Um Espírito enfrentando as dificuldades do mundo para crescer ainda mais em direção a Deus, minha filha!*

– Mas por que eu nasci dentro de um castelo, e ela, naquele casebre perdido no meio da mata, dona Joanna? Deus teria sido mais severo para com ela?

– *Deus não tem preferência por nenhum dos seus filhos, Angélica! Se isso acontecesse, se Ele privilegiasse a uns em detrimento de outros, Ele não seria justo como é, quando, então, deixaria de ser Deus.*

– Mas não consigo entender o porquê da situação daquela senhora em extremo sofrimento, dona Joanna!

– *Angélica, Orígenes, o Cristão, que viveu de 185 a 253 depois de Jesus, dizia o seguinte, preste muito bem atenção: "A maneira por que cada um de nós põe os pés na Terra, quando aqui aportamos, é a consequência fatal de como agimos anteriormente no Universo". Deu para entender alguma coisa?*

– Nada, dona Joanna!

– Então, vou citar outra frase dele: "As causas das variedades de condições humanas são devidas às existências anteriores". Veja que Orígenes foi considerado por São Jerônimo como a maior autoridade da Igreja de Roma!

– Então a senhora está querendo dizer que...

– Eu não, Angélica! Foi Jesus que disse, quando explicou a Nicodemos como fazer para entrar no reino dos Céus. Nicodemos era um doutor da lei. Um homem de destaque entre os judeus. Entretanto, quando ele procurou Jesus, já era um homem idoso para aquela época. Sabia que se avizinhava da morte do corpo. Então, procurou saber o que devia fazer para entrar no Reino de Deus.[3]

– Lembro-me dessa passagem da Bíblia, dona Joanna!

– E lembra-se do que Jesus ensinou para ele?

– Não me lembro direito, não.

– Jesus ensinou que era preciso nascer de novo! E Nicodemos ficou espantado porque ele já era um homem velho. Como iria entrar no ventre da mãe que já havia falecido para nascer outra vez? Jesus, pacientemente, explicou a Nicodemos que a carne, ou seja, o corpo material nasce da carne, ou seja, de outro corpo, mas o Espírito imortal renasce para viver outras existências no mundo dos homens.

– Meu Deus! Nunca tinha observado isso! Mas o nascer de novo não é ser batizado, conforme ensina a Igreja?

---

3. A reencarnação era aceita por povos milenares. Na Índia, na Grécia, no Egito antigo, entre o povo Veda, onde Kardec teve uma das suas reencarnações, e entre muitos outros povos.

— O batizado é uma atitude exterior, Angélica! O nascer de novo em espírito a que Jesus se referia era uma renovação de cada um para se transformar de um homem velho, cheio de imperfeições, em um homem novo, com as virtudes de que temos necessidade para entrarmos no reino dos Céus. E essa renovação só é possível voltando em um novo corpo. Em uma só existência é impossível a qualquer um de nós adquirirmos todas as virtudes de que necessitamos e eliminarmos todos os defeitos que ainda transportamos.

— Mas todos entendem dessa maneira, dona Joanna?

— Infelizmente, por enquanto, só uma pequena minoria. Mas a ideia de nascer de novo é muito antiga. Por exemplo, no Papiro Egípcio de 3 mil anos antes de Jesus, encontramos a informação de que, antes de nascer, a criança já viveu, e a morte não é o fim. Veja você há quantos milênios a ideia do renascimento já existe. Também no Bhagavad Gita, de 3 mil anos antes de Jesus, Krishna afirmava: "Da mesma forma que nos desfazemos de uma roupa usada para pegar uma nova, assim a alma se descarta de um corpo usado para se revestir de novos corpos". Viu como a ideia é bem antiga? Sócrates, o genial filósofo, há quatro séculos antes de Jesus ensinava que as almas, depois de haverem estado o tempo necessário no Hades, são reconduzidas a esta vida em múltiplos e longos períodos.

— E o que é o Hades, dona Joanna?

— Um lugar para onde se acreditava que os mortos iam, havendo, evidentemente, uma separação de lugar para aquele que foi bom e para aquele que agiu mal. Em texto egípcio de 1320 anos antes de Jesus, encontramos o seguinte: "O homem retorna à vida várias vezes, mas não se recorda das suas pretéritas existências exceto algumas vezes em sonho. No fim, todas essas vidas lhe serão reveladas".

— Nossa, dona Joanna! Nunca soube de nada disso!

— A maioria dos homens não sabe, Angélica! Por isso é que fica muito difícil, senão impossível, entender a justiça e a bondade de Deus. Por isso muitas pessoas se tornam materialistas. Elas não entendem por que Deus permite as desigualdades das existências, pois que se baseiam apenas em uma única vida.

— Quer dizer que todo sofrimento da senhora que Antônio visita deve ter alguma ligação com as outras existências que ela já teve?

— Se não for assim, como podemos entender a Justiça Divina, minha filha? Nem sempre, entretanto, o sofrimento significa erros do passado. O Espírito que vai retornar ao mundo pode pedir determinadas provas que lhe imponham dores muito grandes para aprender o que ainda não conseguiu. Mas iremos discutindo esse assunto à medida que Antônio levá-la a conhecer outros casos da escola da vida. Por hoje, gostaria que ficasse com essa noção de que sempre existe uma explicação para as desigualdades da vida que não fere nunca a bondade e a justiça de Deus.

Angélica foi fortemente abraçada por Joanna e despertou no corpo físico sem se recordar dos detalhes dos ensinamentos recebidos na dimensão espiritual da vida, mas guardando conceitos gerais que na época certa aflorariam em seu íntimo. Apenas tinha a certeza de que Deus jamais é injusto e de que os sofrimentos nunca erram de endereço, existindo sempre uma razão para tudo, embora, na maioria das vezes, desconheçamos as explicações para os fatos lamentáveis da existência.

17

De volta ao povoado

Em alguns meses, Angélica adquirira experiência suficiente para cavalgar o animal de índole dócil colocado à sua disposição. Já Luiza, que por insistência da amiga princesa também se exercitara, demonstrava qualidades de amazona superiores às de Angélica, cavalgando inclusive animais mais rebeldes. Sua beleza se realçava ainda mais sobre a montaria.

"Estou orgulhoso de que Angélica tenha se tornado uma amazona, entretanto, com as informações de Luiza, desconfio de que a arte de montar tenha alguma outra finalidade na cabeça da minha filha. Mas, com a ajuda de Luiza, descobrirei do que se trata! Será usar do aprendizado para se dirigir àquele maldito povoado em companhia do atrevido jardineiro? Seriam punidos! Ninguém me trai impunemente!", torturava-se o rei.

Contudo, as explosões de cólera do monarca para desmascarar Antônio eram contidas pelas ponderações de Luiza, que acabara se tornando uma confidente diária do rei, tendo inclusive acesso livre aos aposentos dele.

– Calma, Majestade! Vamos recolher mais provas para que o rato do jardineiro não encontre explicações quando for desmascarado pelo seu rei.

– Tem razão, Luiza! Além da sua fidelidade à minha pessoa, guardo o bilhete que Angélica enviou a esse infeliz. Tenho meus planos para complicar ainda mais a vida desse maldito, utilizando-me do padre Victor, o confessor do castelo.

– Pois então, Majestade! Juntos iremos encontrar o momento exato de dar um xeque-mate no jardineiro. É só aguardarmos mais um pouco.

– Angélica também será punida! Eu sou pai dela, mas também o rei. E a figura real está acima da figura paterna! Traição ao rei é imperdoável, Luiza!

– Entendo, Majestade! Contudo, ela é sua filha. Para ela, o sábio rei reservará uma pena mais branda.

– Não sei não, Luiza! Não sei não. Detesto o atrevimento de ser desafiado seja por quem for! Um rei tem que ser obedecido sempre!

– Entendo e concordo, Majestade! – a figura de Luiza alimentava o orgulho real, em troca das joias que recebia pelas delações que fazia ao monarca de tudo o que acontecia.

Para colocar em teste a capacidade de cavalgar da filha, o rei a levava a algumas de suas caçadas. Entretanto, Angélica voltava o rosto para o lado quando via que um pobre animal apavorado seria abatido sem piedade pela comitiva real. Atitude essa que não passava despercebida da figura paterna.

– Não aprendeu a cavalgar para acompanhar-me nas caçadas, Angélica? – indagava com o propósito de confrontar a atitude da filha, que desviava o rosto do ponto máximo da caçada.

– Sim, meu pai! Mas tenho muita pena desses pobres animais que são abatidos sem nenhuma chance de defender-se!

– Mas eles foram colocados na natureza para alimentar-nos! Não existe outro meio!

– Não sei como contestá-lo, meu pai! Apenas dói-me no peito ver a agonia deles diante da morte. Ninguém gosta de morrer, meu pai! Os animais também não.

– Para eles é uma honra servir ao rei como alimento, Angélica! Se o rei tem súditos humanos, que importa a vida de um simples animal?

Angélica preferia o silêncio. Além de não ter argumentos contra as colocações do pai, sabia muito bem que não o demoveria de seus propósitos.

"Se não se importa com os seres humanos do povoado, quanto mais com os pobres animais!", pensava em silêncio, embora de coração amargurado.

Já os pensamentos do rei em relação à filha eram outros...

"A atitude dela na caçada reforça minha convicção de que aprendeu a cavalgar com outros propósitos! Mas a fiel Luiza a acompanhará bem de perto!", ruminava o rei em seus pensamentos.

Já a figura de Luiza, que também participava das caçadas por ordem do rei, tinha prazer enorme em ver fulminados os animais que eram encurralados impiedosamente pela comitiva real. Aliás, por ordem do rei, ela mesma, algumas vezes, desferia o golpe fatal na presa sem saída.

– Veja, Angélica! Repare na coragem de Luiza e aprenda com ela! – colocava o rei para alfinetar a filha.

– Não tenho a coragem de Luiza, meu pai!

– Mas ela acabará por ensinar-lhe, Angélica! Luiza, que já é uma companhia constante em sua vida, acabará por ensinar-lhe caçar sem sentimento de culpa e muitas outras coisas!

Angélica não respondia, mas pensava consigo mesma: "O que desejo aprender somente Antônio saberá ensinar-me. E eu serei uma aluna dedicada! Aliás, já estou em condições de retornar às aulas".

Se assim pensou, melhor o fez. Em uma manhã de domingo, Angélica levantou-se bem mais cedo do que o habitual aos moradores do castelo. Acordou Afonso e pediu-lhe:

– Afonso, desculpe incomodá-lo justo no dia do seu descanso, mas acordei com muita vontade de cavalgar. Até sonhei que fazia isso enquanto dormia. Por isso quero que mande preparar um animal, para que eu transforme meu sonho em realidade: irei fazer uma cavalgada sob o ar fresco da manhã. Quero sentir a brisa em meu rosto e nos meus cabelos.

– Então vou selar um cavalo para Luiza também, princesa! Seu pai não quer que você cavalgue sozinha.

– Fique tranquilo, Afonso! Luiza está dormindo. Hoje é domingo e não quero incomodar ninguém.

– Mas, princesa! Eu vou ser severamente cobrado pelo rei! Pelo amor de Deus!

– Então venha você mesmo comigo, Afonso! Assim não sairei desacompanhada, e tudo ficará como o rei deseja. Dessa maneira, Luiza pode ficar descansando como é justo.

– Ah! Meu Deus! Isso não vai dar certo, princesa!

– Vamos, meu bom Afonso! Que mal há em sair bem cedo para admirar a beleza da natureza?!

Angélica tomou o rumo da região leste do castelo seguindo exatamente para os locais onde aprendera a cavalgar. Não queria despertar a suspeita de ninguém. Mas sua intenção era bem outra: "Seguirei um trecho rumo ao sentido oposto do povoado, onde Antônio deve estar visitando os sofredores. Após uma curta caminhada, tomo o outro sentido em direção àquele povo sofrido".

E assim o fez, executando um trajeto de retorno, que não passou despercebido de Afonso.

– Mas, princesa! Já estamos voltando?! Não disse que queria aproveitar a beleza da manhã?

– Vamos mudando de rumo para não enjoarmos, Afonso. Mais um trecho em sentido contrário e voltamos novamente para o sentido anterior. Assim parecemos abelhas em busca de flores diferentes.

E, nesse movimento de vai-e-vem, eis que Angélica adentra o povoado.

– Princesa! Pelo amor de Deus! O rei mandará matar-me!

– Afonso, meu amigo! Apenas uma visita a um sofredor em companhia de Antônio e já voltamos para que não percebam nossa ausência.

Não foi difícil e nem demorou muito para que Angélica divisasse o jardineiro atendendo a uma senhora viúva com várias crianças famintas, malvestidas e desnutridas. Estancou os passos do animal diante daquela cena, para espanto de Antônio.

– Princesa! A menina por aqui? Afonso, meu bom homem, também veio junto?

– Ah! Antônio! Você nem calcula o risco que estamos correndo caso o rei venha a saber!

– Fique tranquilo, Afonso! Ninguém nos viu sair do castelo. Vamos. Venha aprender a amar e socorrer o semelhante com Antônio – comentou Angélica, segura.

O jardineiro trazia no alforje alguns alimentos para a mãe e os filhos abandonados pelas ruelas do local dos esquecidos. Além de estender o sustento do corpo para aplacar a fome principalmente das crianças, Antônio ditava palavras de consolo e bom ânimo à mãe desesperada. Algumas peças de roupa extremamente precárias, que recolhera pedindo aos amigos, o jardineiro também as estendia àquela mulher, que lhe agradecia entre lágrimas e beijando-lhe as mãos. Foram minutos rápidos, mas que valeram por horas de ensinamentos. Angélica voltou a questionar:

– Antônio, como seria bom podermos entender o drama dessa senhora e das criancinhas para aquilatarmos a grandeza da Providência Divina!

– Isso não nos é possível, princesa! As razões do sofrimento que visita essa mulher e seus filhos não nos cabe alcançar. O importante é fazermos a nossa parte, confiando que Deus a ninguém abandona e a ninguém injustiça.

– Mas meu pai diz que esses infelizes foram esquecidos por Deus!

– O Criador lembra-se dos necessitados por intermédio das nossas mãos, princesa! Ele não pode vir pessoalmente até aqui trazer o auxílio que essa família necessita, mas podemos e devemos ser os embaixadores Dele. Assim não fica tudo muito claro?

– Que belíssima lição, Antônio!

– Princesa, precisamos retornar o mais depressa possível. O sol já se levanta mais no horizonte e nossa ausência pode ser percebida! – atalhou a conversa Afonso.

– Ele tem razão, princesa! Voltem logo para não criar problemas. Os sofredores são muitos. Não faltará oportunidade para nos reencontrarmos. Vão com Deus! – colocou o jardineiro, humilde e previdente.

Retornaram rápido para o castelo. Assim que entregaram os animais ao responsável por eles, ouviram a voz de Luiza:

– Princesa! Levantei-me cedo para convidá-la a um passeio pelos campos nesta manhã tão linda! Mas a princesa já tinha saído...

– Não quis incomodá-la, Luiza! Agradeço pela intenção da mesma forma. Fui com nosso amigo Afonso, que assim pode ensinar-me mais algumas coisas sobre como cavalgar melhor.

– Ah! – foi a única manifestação de Luiza cujos olhos e lábios denunciavam expressão de total incredulidade, alegrando-se intimamente por ter mais um trunfo nas mãos e poder relatá-lo ao monarca.

18

As explicações prosseguem

Desvinculada parcialmente do corpo físico na noite depois daqueles últimos ensinamentos de Antônio, Angélica buscava explicações junto a Joanna sobre as causas daqueles sofrimentos.

– Dona Joanna, Antônio socorreu uma pobre mulher com vários filhos famintos e maltrapilhos. Meu pai alega que os que sofrem são esquecidos de Deus. Como explicar as cenas que vi no povoado?

– *Angélica, no caso específico dessa senhora, ela expia deslizes cometidos em outras existências. Tinha um lar bem constituído. Marido dedicado a ela e aos filhos. No entanto, decidiu gozar os prazeres ilusórios do mundo e abandonou o lar e os filhinhos. Retornou nesta vida atual, sem o abrigo de um lar para que possa valorizar aquilo que teve e jogou fora.*

– E os filhos desta atual existência, estariam também envolvidos em problemas passados?

– De alguma maneira, sim. Ou expiando desequilíbrios passados ou apreendendo, com a difícil situação atual, lições de que ainda necessitam para enriquecer o Espírito. Diante do sofredor a quem devemos e podemos socorrer, não devemos indagar a causa do sofrimento, mas sim tudo fazer para aliviá-lo. Mas, como sempre procuro destacar para você, não existe a possibilidade de erro na Justiça de Deus. Se formos levantar o passado de cada uma dessas crianças, vamos encontrar as razões para que estejam envolvidas neste drama atual. Quando me refiro ao passado, não quero dizer que estão necessariamente pagando alguma coisa, mas podem também estar apreendendo valores espirituais que ainda não possuem.

– Quer dizer então, dona Joanna, que pela Lei não se paga sempre na mesma moeda à semelhança da lei de Talião?

– De maneira nenhuma, Angélica! Como disse, as crianças podem estar quitando desacertos anteriores ou apreendendo lições de que necessitam. Não temos condições de sondar em toda a sua profundidade as Leis do Criador. Apenas os Espíritos de altas esferas têm. Sendo Deus Amor, a lei de Talião não ocorre nunca. O problema é que fugimos de acertar as dívidas amando, fazendo o bem, socorrendo o necessitado. Fugimos da afirmação do Apóstolo Pedro de que o Amor cobre a multidão dos pecados. Como fugimos do amor, temos que encontrar outro caminho para o devido acerto perante a própria consciência. E, quando fechamos a porta à ação do bem, não amando, abrimos a porta para a dor, sofrendo as consequências daquilo que semeamos no solo da Vida. Insisto, porém, que nem todo o sofrimento refere-se a acertos de contas. Ele pode ser oportunidade para aprendermos o que ainda não sabemos. Tomemos o exemplo da escola onde o professor aplica a prova para que os alunos possam avaliar seus conhecimentos. A prova não é um castigo do professor, mas uma oportunidade para que seus alunos reforcem os pontos fracos que ainda possuam.

– Pode ser que Antônio esteja acertando dívidas pelo amor que distribui aos sofredores que cruzam o caminho dele, em vez de quitar-se por meio de um sofrimento qualquer?

– *Perfeitamente. Só que, por sensibilizar-se com o sofrimento daqueles que o rodeiam, Antônio revela uma evolução superior à média das pessoas com quem convive. Se observarmos a humanidade, a maioria sofre por não conseguir dedicar-se ao bem do seu semelhante como poderia. E isso ocorre exatamente porque ainda não são capazes de vivenciar o amor na mesma intensidade que o nosso amigo Antônio. Quando aquele que deve não se resgata por amor, ele o faz pela dor.*

– Nossa! A Justiça é tão perfeita que se torna difícil de compreendê-la!

– *A Justiça de Deus é muito clara, Angélica! A dificuldade para compreendê-la vem do fato de raciocinarmos de acordo com a justiça imperfeita dos homens. Nosso entendimento é limitado pelo que conhecemos do mundo material. À medida que vamos evoluindo e compreendendo a Vida e a Deus, de maneira cada vez mais completa, tudo vai se esclarecendo em nossa mente.*

– Creio que vou demorar muito para entender melhor...

– *Não tem importância, Angélica! Somos seres imortais e temos a eternidade pela frente. Basta não abrirmos mão do amor, e tudo será esclarecido. E quem sabe amar sabe perdoar, Angélica! Não se esqueça disso.*

– Perdoar?! Mas...

– *Que Deus a ampare em seus propósitos, minha filha!* – disse Joanna em tom de despedida daquela noite, conduzindo Angélica de volta ao corpo físico.

Angélica despertou no corpo com a mesma sensação de bem-estar das outras ocasiões em que encontrara com Joanna. Trazia um plano na cabeça.

"Preciso arrumar uma maneira de não envolver Afonso quando vou até o povoado. Não quero comprometê-lo perante meu pai. Para isso, necessito aprender a selar minha própria montaria. Assim, a única envolvida serei eu", raciocinava enquanto se preparava para o desjejum de mais aquele dia.

Tomada a decisão, após a refeição matinal, dirigiu-se ao local onde se alojavam os cavalos que serviam aos senhores do castelo e lá se encontrou com o tratador desses animais, um jovem simpático e sorridente.

– Bom dia, Alexandre!

– Princesa! A senhora, aqui neste local?!

– É, meu amigo! Gostaria de aprender com você como se sela um animal para cavalgada. Aprendi a montar e creio que aprender a maneira de aparelhar o animal também faz parte da montaria. Você me ensinaria?

– Mas, princesa! Suas mãos são muito delicadas para lidar com o material grosseiro necessário para equipar o animal!

– Não se preocupe com as minhas mãos, meu amigo! Apenas me ensine como se faz. É claro que não será de uma vez. Virei aqui durante vários dias, quantos forem necessários, mas aprenderei, você verá.

– Já que está tão determinada assim, princesa, não tenho dúvidas. Mas e o senhor seu pai...

– Ah! Você tocou num ponto importante, Alexandre! Vou aprender com você, mas em segredo! Deixe meu pai em paz. Ele já tem muitos problemas para cuidar e não quero causar mais preocupações a ele. Além do mais, não estou fazendo nada demais, não é mesmo? Por que uma mulher não pode aprender a selar um animal?

– A senhora é quem sabe, princesa! Mas e se o rei ficar sabendo que está vindo a este lugar sujo onde os animais ficam?

– Se isso vier a acontecer, pensaremos no que dizer ao rei. Por enquanto, deixemos as coisas desta maneira: virei aqui todos os dias que forem necessários para que eu aprenda a selar um animal. Posso contar com a sua ajuda, Alexandre?

– Pode sim, senhora, mas confesso que temo o rei, princesa! Não sei qual será a reação dele se vier a saber!

– Sabe, Alexandre! Fico triste quando vejo que os súditos temem ao seu senhor em vez de respeitá-lo!

– Pelo amor de Deus, princesa! Eu respeito muito ao nosso rei!

– Não é o que parece, meu amigo! Mas não tem problema. Esqueça. O que o meu pai conquistou foi o temor do seu povo, e não o seu respeito. E isso é consequência da maneira como ele trata o povo.

– Não entendi, princesa!

– Fique tranquilo, amigo! Ficamos combinados assim: com a sua ajuda, esta amazona que você está vendo sairá daqui aprendendo a selar um animal!

Angélica afastou-se feliz do local pela ideia que tivera. Alexandre temia a atitude do rei. E Luiza, olhos vigilantes, observava de uma distância discreta mais essa iniciativa da princesa.

– Preciso falar com o rei. Tenho muitas novidades para contar-lhe. Creio que me agradecerá. E é o que farei agora mesmo!

Algum tempo depois, Luiza era levada à presença do rei.

– E então, Luiza? Por que solicitou esta conversa? Alguma novidade sobre Angélica e seus amigos?

Após a reverência habitual, Luiza manifestou-se:

– Sim, Majestade! E creio que vai agradá-lo.

– Pois então, vamos direto ao assunto.

– Majestade, tenho três informações a transmitir ao meu rei. A primeira delas é que, na cavalgada de uns dias atrás, aquele intrometido do jardineiro apareceu e levou-nos a um casebre caindo aos pedaços onde morava uma mulher cega e paralítica, visitada por Antônio durante anos. Creio que é por isso que aquele trapo de mulher ainda está viva.

– Mas levou-as como? Foram obrigadas?

– Não, Majestade! Angélica parece enfeitiçada por esse homem que cuida dos jardins reais. Bastou ele mencionar aonde se dirigia para que Angélica o seguisse entusiasmadamente! Fui então obrigada a ir junto para servir ao meu rei, tomando conta da sua filha, senhor!

– Mas esse homem ainda me paga! E muito caro! Você vai ver, Luiza! E qual a segunda novidade que tem para me contar e estragar um pouco mais o meu dia?

– Perdão, Majestade! Mas estou sendo fiel ao meu rei. Em outro dia, Angélica dirigiu-se ao povoado após praticamente obrigar Afonso a levá-la àquele lugar asqueroso.

– E o que minha filha foi fazer lá? Não me diga que o maldito jardineiro está envolvido novamente!

– Sim, Majestade! Aquele homem parece uma praga. Está em todo lugar onde tem alguém caindo aos pedaços! Dessa vez estava junto a uma viúva com vários filhos, levando a ela um pouco de comida e trapos que ele chamava de roupa.

– E minha filha junto desse homem naquele local?

– Sim, Majestade! Assim aconteceu, meu rei!

– Ah! Jardineiro maldito! Você não perde por esperar! E qual a última punhalada que tem para dar-me, Luiza?

– Não sei bem ao certo, senhor! Talvez sua inteligência possa decifrar o que Angélica foi fazer no local onde ficam os cavalos do castelo, Majestade! – disse Luiza com um discreto sorriso malévolo nos lábios.

O rei esmurrou a mesa como era de costume quando estava extremamente irritado:

– Será que minha filha está enlouquecendo? Ou será que está querendo matar-me de vergonha? Ou lançar a desonra no meu reino?

Parou um instante coçando a barba onde se destacavam vários fios brancos, enquanto Luiza mantinha-se de joelho e com a face para baixo em sinal de respeito. Em verdade, se o rei pudesse ver, enxergaria o rosto alegre de Luiza por causa da irritação que conseguira causar-lhe.

– Luiza, tenho pensado em um plano e gostaria de saber a sua opinião.

– Sim, Majestade! Estou aqui para servi-lo.

– Você acha que os meus súditos gostariam de uma cerimônia religiosa só para eles? Eu falaria com o padre Victor e ordenaria um cerimonial onde todos comparecessem. É claro, antes teriam que se confessar para receber os sacramentos da Igreja.

– Embora não entenda onde sua inteligência deseja chegar, meu senhor, creio que todos os súditos gostariam muito!

– É! – disse o rei. – Creio que apanharei vários coelhos numa mesma armadilha! Ou, pelo menos, o coelho maior! – voltou a comentar o rei coçando a barba e rindo de irritação misturada a um sentimento de vingança.

E, antes que Luiza se ausentasse, estendeu-lhe mais uma de suas riquíssimas joias como pagamento de sua delação em relação às atitudes de Angélica e do jardineiro, a quem cada vez odiava mais.

19

O plano continua

Angélica prosseguiu firme em seu propósito de aprender a preparar o animal que cavalgaria sozinha para poupar quem quer que fosse da ira de seu pai. O mais difícil evidentemente foi aprender a manejar o peso dos componentes para selar o animal. Mas, empregando sua vontade férrea de prosseguir aprendendo com Antônio, na assistência aos necessitados do povoado, aliada a sua juventude, conseguiu superar o obstáculo da força física e, tempos depois, já alcançava o seu objetivo.

Um mês havia se passado e estava preparada para o seu primeiro domingo sozinha entre os sofredores, aprendendo mais ao lado do professor jardineiro.

"Amanhã, bem cedo, irei ao povoado. E o que é mais importante: sozinha! Dessa forma, a ira do meu pai só se abaterá sobre mim!", pensava animada.

E assim foi dormir feliz, embalada pela possibilidade do primeiro passeio a sós que realizaria em seus propósitos de ser uma aprendiz dedicada do bem. O sol nem despontara anunciando o novo dia e lá se foi ela em direção à sua escola entre os sofredores. Deixara tudo encaminhado na véspera para preparar o animal o mais rápido possível. Chegando ao povoado já com as primeiras luzes da manhã, encontrara-se com Antônio para uma nova visita. O beneficiado era um soldado que havia perdido uma das pernas e um dos olhos nas guerras de conquista a serviço do rei, o qual agora nem sabia de sua existência.

– Esse nosso amigo, Angélica, foi um grande combatente, que serviu dedicadamente ao nosso rei. Teve a infelicidade de perder um dos membros e ainda um dos olhos. Cabe a nós auxiliá-lo assim como ele o fez no passado defendendo nosso território. Por isso, não lhe fazemos nenhum favor. Apenas retribuímos o que dele recebemos no passado – dizia Antônio respeitando àquele que hoje vivia da caridade alheia.

– Tem traços de valentia o nosso amigo, Antônio! Mas mais valente do que enfrentar as batalhas em nome do rei é como enfrenta os problemas atuais – colocava Angélica para não ferir o brio daquele a quem socorriam.

Ficaram mais alguns minutos com o homem aleijado oferecendo-lhe muitas palavras de estímulo, deixando bem claro que o infeliz não estava sozinho em suas dificuldades e nem recebia a caridade alheia, mas um simples gesto de retribuição pela coragem nos campos de batalha. Ao partirem, deixaram naquele coração sofrido a certeza de que realmente não havia sido esquecido pela sorte e nem pelas pessoas bondosas que no povoado existiam. Evidentemente que nem de longe o sofredor tinha ideia de que era a filha do rei em pessoa que ali estivera. Angélica vestia-se de maneira discreta, abrindo mão das roupas que ostentava na corte. Dessa maneira, não despertava suspeita nas pessoas a quem socorria sobre sua posição de princesa.

– Veio sozinha, Angélica? Agora que reparei. Pensei que o bom Afonso a aguardasse a certa distância para não levantar a suspeita de que fosse a princesa em pessoa que ali estava – observou Antônio depois de assistirem o homem mutilado.

– Vim sozinha, Antônio! Não quero mais comprometer o nosso amigo Afonso ao pedir-lhe que me traga. Por isso aprendi a selar o próprio animal com Alexandre, que teve muita paciência comigo.

– O coração bondoso da princesa se revela até nas pequenas atitudes!

– Não faço nada além de aprender a servir como você, Antônio! E, por falar nisso, qual será a nossa visita no domingo que vem?

– O local para onde irei não é muito recomendável a uma princesa.

– Antônio, esqueça os títulos! Sou uma pessoa que precisa aprender a servir àqueles que pouco ou nada têm. Por isso, é uma intimação: para onde iremos no próximo domingo?

– Se deseja mesmo saber, sem o compromisso de acompanhar-me...

– Se prefere assim: é uma ordem, amigo Antônio! Considere-se sob a ordem de uma princesa! – disse Angélica sorrindo alegre.

– Vou para o lugar onde ficam os leprosos, princesa! – mencionou o jardineiro olhando profundamente Angélica para estudar-lhe a reação.

A princesa, porém, manteve-se firme em seus propósitos:

– Pois lá estaremos juntos!

– Pense bem, princesa! Verá cenas muito tristes! Pessoas esquecidas em grande sofrimento físico e moral! Pense bem!

– Mas o auxílio que o bem proporciona é tão belo que supera a tristeza que lá possa existir, amigo Antônio!

E, assim, acertado entre si o novo encontro, Angélica partiu feliz da vida. Tão sintonizada estava com sua opção pela prática do amor que, naquela noite, ao adormecer, viu-se novamente em presença de Joanna.

– Estou muito feliz, dona Joanna! Hoje estivemos em visita ao povoado, junto a um mutilado pela guerra. As palavras de Antônio suavizando a dor de mais uma daquelas vítimas do sofrimento são verdadeiras lições que meu coração não se cansa de aprender.

– A aprender e a praticar, Angélica! A lição sem o exercício lembra-nos as palavras do Apóstolo Tiago, que afirmou que a fé sem obras é morta.

– No caso daquela pessoa lesionada nos combates se trata de acertos de vidas passadas, dona Joanna?

– Naquele caso específico, temos informações de que ele era um homem ambicioso e fez a opção pelas lutas no campo de batalha para atingir altos postos de comando e, dessa maneira, alcançar situação financeira invejável. Vemos então que a cobiça motivou o seu engajamento nas fileiras de combate, não tendo os sofrimentos de agora conexão com o passado. Está simplesmente colhendo o que plantou na mesma existência. Com ele você aprende que as dores podem se originar na mesma existência. É bom sempre termos em mente que as dores do presente nem sempre são originadas no passado. As nossas opções atuais podem trazer consequências na mesma existência. Esse assistido pela bondade de Antônio vai incorporar em seu aprendizado de Espírito imortal as lições que os seus sofrimentos estão a lecionar. Se deparar-se com outras oportunidades de escolher a guerra como um meio para realizar-se na vida, no íntimo da sua consciência estará a bradar um sonoro "não" para essa escolha que um dia lhe trouxe muitos sofrimentos. Não entenderá a aversão que sentirá por novas batalhas, mas será a voz de sua consciência a alertá-lo sobre essa opção.

– Mesmo que ele não se lembre dos motivos da vida presente, dona Joanna?

– Sim. Incorporamos em nossos arquivos as consequências de nossas escolhas que jamais serão esquecidas e funcionarão como um brado de alerta sempre que nos aproximamos de um perigo semelhante ao acontecido anteriormente. Não podemos esquecer que as existências na Terra são muitas, inúmeras, mas a vida é sempre uma só. Dessa maneira, o arquivo realizado em qualquer existência no corpo nunca se perde nos registros do Espírito imortal. Por isso, a vida, olhada no seu sentido ininterrupto, é um constante aprendizado.

– E eu quero entrar nesse aprendizado de maneira intensa já na existência atual, dona Joanna!

Após mais esse encontro de Angélica com sua professora amorosa, retornou suavemente ao corpo físico adormecido sobre o leito de princesa.

Na mesma manhã em que a jovem despertava feliz pela noite de aprendizado que tivera, o rei dialogava com padre Victor sobre seus propósitos.

– Esta é minha ideia: abrir as duas capelas para que o senhor proporcione aos súditos do palácio um dia de regozijo para a expressão da sua fé e daqueles do seu rebanho, padre Victor! Obviamente terá o trabalho de confessar a todos para que recebam os sacramentos, não é assim?

– Majestade! O senhor vai permitir a utilização até mesmo da capela real?

– Sim, padre! Os seus fiéis merecem, não é mesmo?

– Grande bondade da sua parte, Majestade! Quanto à confissão de todos os interessados, não há nenhum problema, senhor! Isso faz parte do meu trabalho.

– Sabe, padre? Estou tendo problemas com aquele jardineiro que cuida dos jardins do castelo. Parece que aquele homem encheu a cabeça de minha filha com ideias de cuidar de pessoas mendigas que moram no povoado. Verdadeiros molambos humanos. E isso não fica bem para uma princesa e muito menos para um rei. Por isso, preciso da sua ajuda.

– Mas como poderei auxiliá-lo, Majestade?

– Bem, como esse homem deverá confessar com o senhor, se houver alguma coisa suspeita em sua confissão, a sua Igreja poderá ajudar o rei, padre!

– Majestade, não posso violar os segredos de um confessionário!

– Entendo a sua posição, padre! Não é isso que estou pedindo. Caso na confissão desse homem haja alguma coisa que se ponha contra os ensinamentos da sua religião, aí sim o senhor poderia agir, não é?

– Alguma heresia o senhor quer dizer, Majestade?

– Isso mesmo, padre! Alguma coisa que se contraponha aos ensinamentos da sua Igreja.[4] Algo que o comprometa perante sua fé, o senhor me entende?

---

4. A Chamada Inquisição, ou Tribunal da Santa Inquisição, constitui-se de diversos tribunais criados pela Igreja Católica Apostólica Romana na Idade Média (séc. XIII) para julgar as pessoas acusadas de ameaçarem a doutrina dessa Igreja. As pessoas suspeitas eram perseguidas e julgadas por esses tribunais. Se fossem consideradas culpadas, podiam ser submetidas a penas que variavam desde prisão temporária ou perpétua, chegando até mesmo à pena de morte. Os perseguidos não tinham o direito de saber quem os havia denunciado, cabendo a eles provarem sua inocência.
A Inquisição existiu em Portugal, França, Itália e Espanha. É de se lembrar que até mesmo cientistas foram perseguidos por defenderem ideias contrárias às da Igreja. Como foi o caso do astrônomo italiano Galileu Galilei, acusado por apregoar que era a Terra que girava em torno do Sol (heliocentrismo) e não o contrário, como acreditava a Igreja Católica. Outro cientista italiano, Giovano Bruno, foi julgado e condenado à morte por divulgar o heliocentrismo e por ter divergências teológicas com a doutrina da Igreja.
As mulheres também sofreram perseguições durante a Inquisição. Aquelas que, por exemplo, curavam com chás ou remédios feitos de ervas ou outras substâncias eram acusadas de bruxaria, sendo condenadas pelos tribunais. Uma das mulheres mais célebres desse período foi Joana D'Arc, que afirmava ouvir vozes divinas, tendo sido condenada à fogueira.
No Brasil, os tribunais chegaram a ser criados no período colonial, não atingindo, porém, a mesma força alcançada na Europa.

– Se isso vier a acontecer, será um dever da minha parte fazê-lo, Majestade!

– Talvez este bilhete de Angélica dirigido ao jardineiro possa auxiliá-lo nessa tarefa, padre! – disse o rei, estendendo uma cópia dos dizeres do bilhete de Angélica ao jardineiro, que o monarca copiou de próprio punho. – A sua religião aceita esse negócio de vivo, como nós, conversar com mortos, padre? Por acaso esse jardineiro é santo para ter esse direito, ou isso poderia caracterizar uma heresia no julgamento de sua Igreja? O perigo que esse homem representa para a minha filha e para a sua Igreja estão em suas mãos, padre Victor! – completou o rei para levar o religioso em direção às suas verdadeiras intenções.

20

O trabalho não se interrompe

– Sabe, princesa? Sinceramente pensei que não viesse. Como pode ver, são criaturas que mais parecem farrapos humanos. Alguns cheiram mal devido às chagas que infestam o corpo. Apresentam outras deformidades que à maioria das pessoas as tornam repulsivas. Diria até que estão mais mortos do que vivos. E pensar que uma princesa deixa o seu castelo para se colocar neste local!

– Tenho a felicidade de ser despertada por minha consciência de que a vida passa para todos, Antônio! Tanto esses sofredores do povoado esquecidos pelo meu pai, quanto qualquer um de nós, nobres ou não, iremos morrer. E, depois da morte, qual será a nossa situação? Para onde iremos e em que condições? Entendi a tempo que a única garantia que podemos ter é praticar o bem, como você faz.

– Princesa! Não me tome por modelo, por favor! O nosso modelo é Jesus, que nunca errou neste mundo. Que deixou as mansões celestiais onde morava e veio ter entre os pecadores. Que socorreu todos os aflitos, prometendo uma recompensa aos que soubessem sofrer. Ele é o nosso modelo.

– Entendo suas colocações, meu bom amigo! Mas, como não posso estar junto a Jesus para aprender com Ele, tenho você como meu professor – disse a jovem mostrando toda sua graciosidade.

– Então, como seu professor, vou corrigi-la: todas as vezes que estivermos ao lado de um sofredor estamos ao lado de Jesus. Foi Ele quem afirmou isso. Quando socorremos qualquer aflito na vida, é ao próprio Jesus que socorremos. Assim, sempre que exercitamos o bem, estamos ao lado Dele, combinado?

– Que ótima notícia, Antônio! Isso me dá mais motivações para continuar, mesmo contra a vontade de meu pai, que se fecha em seu castelo enquanto este povo sofre.

– E, por falar no rei, ele está sabendo de suas vindas até aqui, princesa? Não tem perguntado mais nada?

– Se está sabendo, nada tem dito. Perguntado também não. Você tem razão. Ele anda muito quieto! Agora que parei para pensar sobre o assunto! Meu pai não é de concordar com alguma coisa quando tem opinião contrária. Vou procurar observar melhor, meu amigo!

Se Angélica observasse melhor, teria percebido que em suas saídas, julgando estar sozinha, na verdade era seguida a cuidadosa distância por Luiza, em busca de mais fatos a relatar ao monarca e dos consequentes benefícios que obtinha dele. Após as últimas informações que levara ao rei, este pediu que Luiza intensificasse a vigilância sobre Angélica, de maneira que suas idas até o povoado acabaram sendo descobertas pela espiã. Naquela manhã, da mesma forma, seguira a princesa até o povoado. Entretanto, quando percebera o rumo que Antônio e a sua companheira tomavam, em direção do lugar onde ficavam os leprosos, Luiza aumentou a distância entre ela e os seus vigiados. Tinha horror só de ouvir falar em lepra!

"O rei tem toda razão! Como uma princesa se envolve com essa gente? Não bastando isso, está indo ao fundo do poço em busca de leprosos! Ah! Se fosse minha filha, eu a atiraria no calabouço por um longo tempo", ruminava a delatora consigo mesma.

Ao mesmo tempo sentia-se feliz, porque, quanto mais Angélica se envolvesse com as pessoas que o rei detestava, maior sua chance de obter benefícios.

"Quero só ver a reação do rei ao saber que sua filha está no meio dos leprosos!", supunha sorrindo e antegozando a fúria real. "Ah! Quero saber também qual vai ser meu pagamento desta vez! Com certeza muito maior. Afinal, a filha foi vista em meio a leprosos! Isso deve valer uma gorda recompensa!", continuava a maquinar a mente ambiciosa.

Após a visita aos leprosos, Angélica voltou feliz como sempre ao castelo, sempre seguida por aquela que se transformara em sua sombra, Luiza.

A princesa entrou no salão real, onde encontrou o pai falando com o padre Victor, e foi logo perguntando:

– Bom dia, padre! Veio celebrar a missa de domingo?

– Sim, minha filha! E, enquanto aguardo o horário, falo com Sua Majestade, seu pai!

– Não vou interrompê-los. Hoje está uma bela manhã – disse se afastando, sendo seguida pelos olhos sagazes do rei.

– Está vendo, padre? Tenho certeza de que foi a um desses lugares onde vivem os miseráveis em companhia do maldito jardineiro!

Mas logo ficarei sabendo. Esse homem não perde por esperar! E, falando sobre ele, o que o senhor achou do bilhete, padre?

– Majestade, não posso tirar conclusões apressadas, mas pode ser que esse homem esteja aproximando-se de colocações que a Igreja considera heresia: falar com os mortos!

– E, se isso se concretizar na confissão que esperamos que ele faça para receber os sacramentos de sua Igreja, o senhor tomará as devidas providências?

– Se isso realmente se concretizar, Majestade, terei que levar ao conhecimento dos meus superiores, sem dúvida nenhuma.

– Essa é a colaboração da qual lhe falei, padre! Juntos, o rei e a Igreja banirão mais um herege!

– Volto a frisar, Majestade, que não posso desonrar o segredo do confessionário. O rei me entende, não é?

– Claro, padre! O reino e a Igreja se entendem muito bem, se é que o senhor me compreende da mesma forma, padre! Não quero e nem preciso violar o seu confessionário porque tenho certeza de que o senhor, pelo bem de sua Igreja e dos seus fiéis, tomará as providências junto aos seus superiores.

– Assim será feito, Majestade!

– Então vou providenciar para que as cerimônias religiosas se concretizem o mais rápido possível. Darei a boa notícia aos meus súditos sobre o acontecimento. Ficarão felizes. Farei a minha parte para que a Igreja faça a dela, padre!

A única novidade no transcorrer desse domingo foi o relato minucioso de Luiza para o rei sobre o local onde Angélica tinha estado em companhia do jardineiro.

– Tem certeza de que seus olhos viram minha filha entre leprosos? E em companhia daquele maldito jardineiro?

– Tenho, Majestade! Como recomendado por Vossa Majestade, quando mal raiava o dia, acompanhei a saída da princesa. Ela mesma colocou o arreio no seu próprio animal, ensinada que foi por Alexandre, e deixou o castelo logo ao amanhecer. E o local para onde se dirigiu foi exatamente entre aquela gente apodrecida em vida. E o culpado, para variar, foi o jardineiro, Majestade!

– Angélica chegou aos mais baixos degraus que uma princesa poderia descer, mas ela também terá a sua lição. Todos os envolvidos terão que aprender o que acontece quando desafiam e desonram seu rei!

O orgulho do rei era tão grande que nem cogitou a possibilidade de a própria filha contaminar-se no contato com os enfermos a quem auxiliava. Colocou em primeiro plano o desafio à sua autoridade. Em seguida, abriu um caixa toda trabalhada em detalhes de ouro e deixou que Luiza escolhesse mais uma joia de sua preferência, o que a fez agradecer e retirar-se do local fazendo as costumeiras reverências à figura real.

Naquela noite, Angélica, que desconhecia totalmente o que se passava em consequência das delações feitas por Luiza ao rei, adormeceu feliz novamente. Ansiava encontrar-se com a senhora que via em sonhos e que a fazia acordar extremamente alegre no dia seguinte. Como o seu desejo de servir ao próximo com amor sincero estava cada vez mais consolidado em seu espírito, o encontro não se fez esperar. Em poucos minutos estava fora do corpo físico e na presença de Joanna.

– Senhora! Hoje estive entre nossos irmãos leprosos e obtive lições maravilhosas por intermédio de Antônio!

– Que bom, minha filha! Que Jesus a ampare para que se fortaleça cada vez mais no desejo de servir aos sofredores. Esse é o caminho do qual não nos devemos afastar, mesmo que tenhamos que pagar um alto preço.

– A senhora teria também lições a transmitir-me sobre aqueles sofredores? Quais as razões de terem sido vitimados por essa enfermidade cruel?

– *Angélica, mais importante do que saber as razões que os levaram a essa condição é apoiá-los para que suportem as dores resignados pelo conforto que possamos proporcionar-lhes. Cada um deles exibe uma causa pela qual estão nessa dolorosa experiência. Nem sempre a dor, como já conversamos, trata-se de uma quitação de débitos anteriores. A dor pode apresentar-se como a mensageira de lições que necessitamos sem vínculos com erros do passado. O mais importante está fazendo: auxiliá-los para que superem as dificuldades do momento presente. Com a nossa solidariedade, terão mais chances de êxito, por não se sentirem abandonados no mundo e pelo mundo, Angélica! Mantenha-se firme, minha filha! O trabalho nunca falta para quem deseja auxiliar na seara de Jesus.*

– Mas...

– *Como já disse, somos espíritos imortais e temos a eternidade pela frente para aprender. Vou auxiliá-la a retornar ao corpo adormecido para que continue firme na luta. Estaremos juntas a serviço de Jesus, minha filha!*

Dessa forma, conduzida ao corpo adormecido, Angélica nutria-se espiritualmente com o trabalho do amor em favor dos mais necessitados e despertou com a mesma sensação de bem-estar das vezes anteriores.

Pela manhã, em todos os locais do reino um aviso se espalhava convocando os súditos para as cerimônias da Igreja, como um presente especial do rei para seu povo. Especialmente para um dos seus súditos: o jardineiro! Obviamente que, para receber os sacramentos da celebração, era indispensável a confissão prévia. Era nessa condição que o rei depositava todas as suas esperanças de vingança contra o jardineiro.

21

A confissão do jardineiro

Os súditos estavam em festa pela concessão real de uma cerimônia religiosa que ocuparia as duas capelas do formoso castelo. Muitos se interrogavam sobre as razões pelas quais o rei permitira a utilização desse seu recinto sagrado pelo povo, quando nunca antes isso fora permitido. Era incompreensível a cessão da capela real para os súditos utilizarem! Um verdadeiro milagre teria atingido o rei, que o transformara em um homem mais humano do que havia sido até então.

Padre Victor teve que trabalhar muitos dias em seu confessionário para atender a todos que desejavam confessar-se e estar em condições de receber os sacramentos religiosos. Entre eles, Antônio, o jardineiro dedicado ao bem e que jamais sequer sonharia com as intenções do rei sobre a sua pessoa:

– Padre Victor, desejo confessar-me para poder participar de maneira plena das comemorações religiosas que o rei permitiu aos seus súditos.

– Fico feliz por essa sua decisão, Antônio! E quais são os seus pecados, meu filho?

– Meu maior pecado é achar que não tenho feito nada de errado, padre!

– Que bom, Antônio! Mas vamos recordar alguns aspectos da nossa vida aqui na Terra. Talvez, assim, você possa identificar algum sentimento de culpa na consciência, meu filho! Por exemplo, tem sido um bom filho?

– Creio que sim, padre! Cuido do meu pai antes de vir trabalhar no castelo, alimentando-o e fazendo a higiene do seu corpo e, depois, colocando-o em local confortável até que possa voltar para cuidar dele novamente.

– Trabalha em que no castelo, meu filho?

– Ah! Sou um simples jardineiro, padre!

– E belas são as rosas que produz! Enfeitam e perfumam vários locais onde são depositadas, inclusive a capela.

– São obras de Deus, padre! Como disse, apenas cuido daquilo que o Criador permite que exista. A beleza e o perfume das rosas são obra Dele.

– Vejo que é temente a Deus, Antônio! E isso é muito bom.

O padre esperou alguns instantes e prosseguiu.

– A nossa princesa Angélica é uma grande admiradora das rosas que cultiva, você sabia?

– A princesa é uma jovem de Deus, padre! Coração amoroso que a tudo admira além dos seus reais valores. Fico muito feliz com a admiração que ela tem pelas flores, pela natureza, por tudo que Deus criou, padre!

– Ah! Então já teve a oportunidade de conversar com ela?

– Sim, padre! Várias vezes. Só que o nosso rei e senhor não gosta muito de que a princesa se aproxime de pessoas que nada são, como eu. Entendo que ele tenha razão. Minha pessoa desonra a presença da princesa, padre!

– O rei apenas zela pela filha, Antônio! Mas veja como ele é bom: abriu inclusive a capela real aos seus súditos! E sobre o que conversam, Antônio? É interessante saber o que uma princesa tem para conversar com um jardineiro, embora tenham um ponto em comum: as rosas que ela tanto admira, meu filho!

– Começamos a conversar sobre as rosas, padre! Depois, pela sensibilidade do coração amoroso da princesa, conversamos sobre as pessoas sofridas que a vida nos apresenta aos olhos e às quais devemos auxiliar.

– Você auxilia essas pessoas, Antônio?

– Sempre que posso, padre!

– E onde exerce a caridade, meu filho?

– No povoado tem muitos necessitados. Muitas pessoas mergulhadas em sofrimentos dolorosos. No pouco tempo de que disponho aos domingos, procuro visitar uma ou outra e auxiliar da maneira que posso.

– E a princesa tem acompanhado você nesses seus bons exemplos? Disse-me que já conversaram várias vezes sobre as pessoas em sofrimento.

– Só posso contar ao senhor porque estou em confissão, padre! Não quero comprometer o coração bondoso da princesa. Há algum tempo ela tem me acompanhado nessas visitas e auxiliado muito com roupas, alimentos e, até mesmo, recursos financeiros para os necessitados do povoado. A vida deles melhorou muito com a ajuda dela. Entretanto, como disse ao senhor, o rei não aceitaria nunca esse comportamento de sua filha, que é uma princesa cujo coração não tem o orgulho de muitas outras pessoas.

– Compreendo, Antônio! Mas não me falou nada de sua mãe. Ela ainda vive?

– Não. Ela já se foi há muito tempo.

– Mas você acredita que ela continua viva, não é mesmo? Suas palavras são de um homem de muita fé em Deus. E quem crê Nele não duvida da continuação da vida.

– Ah! Disso tenho a certeza absoluta, padre!

– E como pode ter tanta convicção assim, Antônio?

– Porque falo com ela, padre!

– Ah, é? Você fala com a sua mãe?!

– Assim como estou falando com o senhor agora.

– Mas você vê a sua mãe?

– Claro, padre! Assim como vejo as outras pessoas.

– Mas, quando isso acontece, você está dormindo ou acordado, Antônio?

– Para dizer a verdade, padre, já que estou em confissão, já não sei mais se estou dormindo ou acordado de tão real que vejo a minha mãe!

– E já falou sobre isso com alguém, meu filho?

– A uma só pessoa padre, a princesa Angélica, que tem um coração puro.

– E o que ela achou sobre isso, Antônio?

– Ela também acreditou, assim como eu, padre!

– Ah! Muito bem, meu filho! Tem mais alguma coisa a contar que possa lhe parecer pecado, Antônio?

– Que a minha consciência me acuse, não, padre!

– Então vá em paz porque ainda tenho muitas pessoas para atender. Até a cerimônia religiosa, meu filho!

“O rei pode ter razão sobre esse homem. Esse negócio de falar com pessoas mortas no mínimo é suspeito. Ele precisa ser mais bem e mais profundamente investigado. E isso é trabalho para o Tribunal da Santa Igreja”, resmungou consigo mesmo o padre Victor antes de atender a próxima confissão.

Após encerrar suas atividades naquele dia, o padre procurou pelo rei.

– Majestade, hoje atendi em confissão o jovem jardineiro.

– E tem boas notícias, padre? Boas notícias para mim, é claro!

– Como disse antes, Majestade, não posso macular o segredo do confessionário, mas Antônio merece ser mais bem investigado pelo Tribunal da Santa Igreja.

– Mas que notícia alvissareira, padre! Quer dizer que posso então confiar que a sua Igreja irá realizar o trabalho dela e afastar esse homem do meu reino de maneira definitiva?

– A Igreja fará o que compete fazer caso detecte o comprometimento dele com heresias, Majestade. Porém, o resultado dessa investigação não posso prever.

– Sabe, padre, eu poderia dar um jeito mais rápido nesse intrometido. Tenho poderes para isso. Mas, no caso de ele ser condenado pela própria Igreja, o enfraquecerá no conceito de minha filha. Caso eu agisse a meu modo, ele poderia transformar-se numa espécie de herói ou mártir, se é que o senhor me entende.

– Peço-lhe, Majestade, que confie na Igreja e dê a ela o tempo necessário para que a investigação seja feita.

– Darei, padre! Mas, se a sua Igreja falhar, eu não falharei!

22

A ação do mal

O trabalho de Angélica junto a Antônio em relação a todos os sofredores continuou. Nas primeiras horas do despertar dos dias de domingo, lá ia a princesa com o seu próprio animal em direção ao povoado para aprender as lições no campo do amor. De consciência tranquila, não percebia que sempre era seguida por Luiza, a fiel espiã do rei, que relatava ao monarca todos os detalhes dessas visitas da filha junto aos esquecidos da sorte. O rei sempre se enfurecia com o comportamento da princesa, que reputava como uma verdadeira desonra à sua posição social de nobreza, de títulos, de importância perante o mundo. Mas a jovem aprendiz do amor não desanimava e prosseguia junto ao seu fiel professor e jardineiro do castelo.

Numa bela manhã de sol ardente, em pleno verão, Antônio trabalhava junto às roseiras e Angélica contemplava a dedicação do amigo ao trabalho quando padre Victor chegou ao castelo acompanhado por um grupo de soldados vestidos de maneira estranha ao uniforme daqueles que serviam ao rei. O padre desceu apressado e pediu para ser levado à presença do monarca.

"O que estará acontecendo? Padre Victor acompanhado por soldados? Nunca o vi nessa situação! O que ele pretende no castelo?", pensava a princesa enquanto se dirigia ao salão principal com o coração aos pulos pelo mau pressentimento que assaltava seu coração.

Viu quando a figura do padre cruzou o salão acompanhada pelos soldados dirigindo-se para um local onde, ao que tudo indicava, o rei estaria.

"Procurando meu pai e acompanhado por esses soldados? O que pretende um padre com essa atitude? O que tem o rei a ver com a presença desses homens no castelo?", a princesa continuava em crescente preocupação, sentindo uma grande angústia a invadir-lhe o peito.

O padre foi encaminhado à presença do rei, enquanto os homens que o acompanhavam se posicionaram do lado de fora da sala como se estivessem de guarda e à espera de alguma ordem.

– Majestade?

– Padre Victor! Que surpresa vê-lo nesta manhã em que me levantei estranhamente feliz! Será que sua presença tem algo a ver com esta sensação de bem-estar?

– Pode ser que sim, Majestade! Trago a resposta do Tribunal da Santa Igreja às minhas informações sobre o jardineiro.

– Ah! Então o senhor, com absoluta certeza, tem tudo a ver com a minha alegria nesta manhã! E qual foi o veredicto desse Tribunal, padre Victor?

– Pelo que relatei, sempre visando ao zelo da Igreja, Majestade, Antônio será investigado mais detalhadamente em seus relatos de ver e conversar com os mortos. Se confirmado tal fato em seu interrogatório, configurará heresia, cujas penas são variáveis de acordo com o grau de comprometimento do acusado.

– E quais seriam elas, padre?

– Desde a prisão temporária até a prisão perpétua. Em alguns casos, poucos, é bom que se diga, pode a pena chegar até a morte do condenado. Como sabe, a Igreja precisa zelar pela fé dos seus fiéis, e um herege é uma pessoa perigosa em desviar as ovelhas do caminho do Senhor.

– Pois sou testemunha de sua Igreja de que esse indivíduo tem desviado a minha filha do seu rebanho, padre! E olha que o testemunho de um rei tem um peso incomum num julgamento, não acha?

– Sem dúvida, Majestade! E a Igreja saberá valorizá-lo. Tomarei o seu testemunho e o enviarei junto com o suspeito para o local da averiguação dos fatos.

– Ótima notícia, padre! Ótima notícia! Aceita um cálice de um bom vinho?

– Não, Majestade. Estou a serviço da Igreja. Tenho que fazer meu relatório sobre o seu testemunho contra o suspeito e pedir a sua autorização para levá-lo preso agora mesmo.

– Padre! Ele já vai ser levado como prisioneiro? Mas isso merece uma comemoração!

Tomou de um pesado cálice de ouro, encheu-o de vinho e sorveu o líquido rapidamente. Tão rapidamente que lhe escorreu por um dos cantos da boca. Levou a manga rendada da camisa até os lábios e enxugou o líquido. Exultava de felicidade.

– Até que enfim esse maldito vai começar a ter o que merece! Qual a chance de ele receber a pena de morte, padre?

– Nada posso adiantar-lhe, Majestade! Não faço parte dos julgadores. Apenas aponto suspeitos como meu dever no zelo para com a Igreja.

– Compreendo. Pode levá-lo. Aliás, vou ter o prazer de assistir pessoalmente a essa prisão! Gostaria muito que Angélica também a presenciasse. Vamos, padre, cumpra o seu dever!

As portas da sala onde conversavam foi aberta e os soldados se posicionaram com a postura característica perante o rei. Além do padre Victor, dos soldados e do monarca, outra pessoa estava presente e perguntou:

– Senhor! O que está acontecendo? Por que o padre Victor e esses soldados estão aqui em nosso castelo? – indagou de peito oprimido a princesa.

– Vieram prender um suspeito de heresia, Angélica!

– E posso saber quem é, meu pai? – perguntou a princesa esfregando nervosamente as mãos.

– Não só pode como a convido a ver quem seja, Angélica!

A infeliz comitiva tomou o rumo dos jardins reais. O coração da princesa batia cada vez mais rápido.

“Não! Não é possível o que estou imaginando!”, pensava aflita enquanto acompanhava os homens.

Aproximaram-se de Antônio após alguns metros percorridos pelos caminhos que contornavam as roseiras. O jardineiro estava agachado como de costume, cuidando amorosamente de suas flores. Ouviu os passos, mas, como sempre fazia, não ousou levantar a cabeça até que ouviu o seu nome.

– Antônio!

O ingênuo jardineiro ergueu a face e reconheceu padre Victor. Sorriu-lhe, tirando o chapéu que o protegia do sol.

– Bom dia, senhor padre! Veio buscar algumas rosas para a sua igreja?

– Não, meu filho. Vim pedir que me acompanhe. Precisamos conversar.

O rei, extremamente ávido para que a prisão acontecesse o mais rápido possível, entrou na conversa.

– Veio pedir coisa nenhuma, padre! O senhor está ordenando a esse miserável que ele o acompanhe preso!

– Preso, Majestade? Mas o que foi que eu fiz? – perguntou Antônio, procurando pelo olhar de Angélica em busca de alguma explicação.

– Mas o que foi que Antônio fez, meu pai? Está trabalhando como sempre nas rosas do castelo! – exclamou a jovem.

– Você, cale a boca e pode retirar-se daqui, Angélica! Só permiti que assistisse à prisão desse seu amigo para que constatasse pessoalmente que ele não presta e nunca deveria ter sido companhia de uma princesa! Ou você acha que tem me enganado esse tempo todo em que se dirige ao povoado a procurar pelos farrapos humanos que lá aguardam a morte na companhia desse maldito jardineiro? Ninguém desafia impunemente o rei! Nem a sua própria filha!

E, voltando-se para o padre, o rei ordenou:

– Leve esse homem daqui, padre! Nunca mais quero vê-lo ou dele saber pelo meu reino!

Antônio não esboçou resistência alguma, apenas voltou a cabeça súplice para Angélica, que tinha a face percorrida por lágrimas, em tempo de balbuciar dolorosamente:

– Meu pai inválido ficará sozinho, princesa! Pelo amor de Deus, cuide dele por mim!

Angélica fez um movimento de anuência com a cabeça e nada pôde responder. Sua voz estava embargada pela dor enorme de ver um homem extremamente bom e inocente ser carregado como um temível malfeitor.

"Por que, meu Deus? O que Antônio pode ter feito ao padre se só procura auxiliar aos necessitados! Que pecado teria ele cometido para ser preso desta maneira?", eram os pensamentos que refletiam a dor no coração sensível da princesa Angélica.

O rei retornou com ares de grande vencedor para o seu salão e para o seu bom vinho. Angélica dirigiu-se aos prantos para os seus aposentos. As roseiras perdiam o amigo amoroso de todos aqueles anos. E a comitiva, levando Antônio prisioneiro, tomou rumo ignorado. Os olhos de Luiza, furtivamente, acompanharam toda a cena, e os seus afiados ouvidos conseguiram captar a maior parte do diálogo ocorrido na prisão de Antônio. Sentia-se também vitoriosa. Afinal, seus relatórios ao rei auxiliaram para que as coisas caminhassem ao desfecho que acabara de presenciar. Mais uma vez, a maldade e a injustiça feriam profundamente as Leis de Amor do Universo.

TESTEMUNHO DO REI

As informações a mim relatadas pelo rei e senhor absoluto de todas as terras do seu reino dão conta de que o jardineiro de nome Antônio tem atitudes que levam a acreditar que este se acha um homem santo sem pertencer a nenhuma ordem religiosa da Igreja. Fala a favor deste testemunho que o citado vive acudindo mendigos, leprosos, estropiados de guerra, mães viúvas e toda a ordem de pessoas que esmolam no povoado unicamente com o intuito de ser considerado um homem sobrenatural, inclusive conversando com os mortos, o que é totalmente condenado pela Igreja. Queixa-se também o rei que o referido homem tem incutido ideias estranhas na princesa, sua filha, levando-a a se misturar a esse povo, depondo severamente contra sua posição real. Pede o rei em seu testemunho que esse homem seja exemplarmente punido pelo Tribunal da Santa Igreja para que outros que possam admirá-lo sejam advertidos na origem e não sigam a esse falso profeta como o interpreta o rei.

Padre Victor

23

A decisão de Angélica

Angélica chorou muito, recolhida em seu quarto, após Antônio ser levado por motivos injustificáveis.

"Por que, meu Deus? Que fez o pobre Antônio a não ser o bem para os outros? Até onde a maldade de seu pai seria responsável por tudo aquilo? Que tinha padre Victor com o fato? Não era ele um representante de Deus? Pois então! Por que não defendeu o pobre do jardineiro perante a maldade do rei?", eram perguntas que, amargurada, Angélica repetia para si mesma.

De repente, como se despertando para a realidade, pensou em voz alta:

– O pai de Antônio! Foi o que o amigo pediu-me assim que foi levado! O pai era totalmente dependente dele! Agora só eu posso socorrê-lo! E é o que vou fazer mesmo tendo que desafiar o rei!

Colocou roupas apropriadas para cavalgar e desceu resoluta pela escadaria, cruzando o salão principal. O rei também circulava por ali naquele momento. Percebendo a mudança de roupa da princesa, perguntou:

– Vai cavalgar, Angélica?

– Sim! Vou ao povoado socorrer o pai de Antônio. Ele é paralítico e dependente do filho, que os soldados levaram como se fosse um bandido qualquer! – falou frisando as palavras finais.

– Será que você não aprende a lição nem com aquele vagabundo preso?

– Antônio não é vagabundo. Ao contrário, é uma alma boa que só faz o bem aos mais necessitados.

– É o que veremos, de acordo com o julgamento da Igreja.

– Pouco me importa o que a Igreja disser sobre ele. Eu conheço sua obra de caridade o suficiente para não me importar com o que a Igreja disser!

– Vejo que o vagabundo colocou as ideias dele fortemente na sua cabeça, Angélica!

– Não foi Antônio quem colocou. Foi a atitude dele de amor para com todos os necessitados do povoado. Os exemplos dele me convenceram!

– Sabe que posso proibi-la de sair deste castelo!

– Só se me prender, senhor rei. Enquanto não estiver em uma prisão, estarei ao lado do pai de Antônio, que não tem como sobreviver sozinho, e auxiliando as pessoas que ele ajudava.

– Capitão da guarda!

– Sim, Majestade?

O rei parou por alguns minutos alisando a barba e pensando consigo mesmo. Angélica aguardava a ordem do rei sem nenhum temor.

“Somente a prisão me deterá! Nada mais!”, raciocinava a princesa.

Depois de refletir, o rei sorriu com um ar maquiavélico e disse:

– Não, capitão! Deixe-a ir para onde sempre foi às escondidas esse tempo todo como um ladrão vulgar. É daquele lugar que ela gosta. Enquanto muitas pessoas gostariam de estar no conforto deste castelo, minha própria filha faz a escolha pela escória do mundo. Deixe-a ir. Tenho planos melhores para ela. Um pai deve atender o desejo de uma filha, capitão! Não é assim? – disse ironicamente o rei com um sorriso malévolo nos lábios.

Angélica percebeu o tom das palavras do pai. “Só pode estar arquitetando alguma coisa ruim para mim, assim como fez com Antônio. Mas não tem problema. Não me deterei e nem me esconderei mais! Vou ao povoado todos os dias como a aluna que vai substituir o professor ausente!”, raciocinou afastando-se da presença do rei e do capitão, em direção ao povoado.

– Capitão! – disse o rei dirigindo-se ao soldado encarregado da segurança do castelo.

– Sim, Majestade!

– Mande Luiza como pessoa de minha confiança atrás de minha filha. Quero continuar recebendo todas as informações acerca do envolvimento dela com aquela gentalha. Isso vai reforçar meus planos.

Quando o oficial fez menção de retirar-se, o rei continuou:

– Antes, porém, diga-me uma coisa, capitão: o que acha de uma pessoa capaz de trair?

– Suspeita de alguém aqui do castelo, Majestade?

– Responda apenas o que perguntei: o que acha sobre uma pessoa que é capaz de trair?

– Ora, Majestade, é uma pessoa que não merece nenhuma confiança se é que entendo onde o meu rei deseja chegar.

– Não se preocupe onde quero chegar, capitão. O que interessa é que um traidor é sempre um traidor. Já traz no sangue essa capacidade. Hoje trai em favor de quem lhe oferece mais. Amanhã trai contra aquele a quem favorecia se a outra parte lhe oferecer mais, não é assim?

– Concordo, Majestade. Nunca se sabe para que lado irá pender, se é que entendo o meu rei.

– É exatamente isso, capitão. Nunca se sabe a favor de quem um traidor estará no dia de amanhã, não é mesmo? Hoje a seu favor, amanhã...

– Sim, Majestade! É isso mesmo!

– Muito bem, capitão. Já pode ir dar as ordens para Luiza. Creio que o meu segundo plano também dará certo! – sorriu e coçou a barba novamente maquinando seus planos.

Ao cair da tarde daquele dia extremamente doloroso para o coração de Angélica, a jovem princesa retornava triste ao castelo. Na verdade, não gostaria de voltar ao local onde se deram as lamentáveis cenas com Antônio. Passara o dia socorrendo muitos aflitos do povoado, incluindo o pai inválido do grande amigo. Naquela noite, nem se alimentou. Tomou um banho para aliviar o cansaço do trabalho diurno e depois se ajoelhou, apoiando-se na borda de sua cama, e orou com muita fé.

– Meu Deus! Eu aqui em meu leito limpo e macio e aqueles infelizes sem ter onde se recostar! Ah! Como gostaria que Deus consentisse uma noite de sono e sonhos revigorantes como tive em outros dias! Embora não me recorde muito bem e ainda compreenda menos o que ocorre, sei que acordo renovada em minhas esperanças. Com a partida cruel de Antônio, o meu professor de amor ao semelhante, estou muito necessitada desse socorro – dizia baixinho a princesa enquanto lágrimas furtivas desenhavam trajetos diferentes em seu rosto alvo como porcelana.

Exausta, a jovem acabou por adormecer no próprio tapete.

– Angélica, minha filha! Bendito seja o Criador que nos renova a oportunidade do reencontro! – foi a voz conhecida que a princesa adormecida ouviu.

Desdobrada do corpo, levantou-se e correu para os braços amigos de Joanna.

– Ah! Dona Joanna! Como o mundo é mau! Como os homens não possuem coração!

– Entendo o seu sofrimento, Angélica! O que fizeram a Antônio é o que costumam fazer com aqueles que se dispõem a amar, minha filha!

– Então a senhora também já sabe?!

Joanna sorriu meneando afirmativamente a cabeça, sem mais explicações, enquanto afagava os cabelos da princesa.

– Estamos juntas, minha filha! E sempre estarei ao seu lado. É necessário que busque em Jesus, o maior injustiçado da história da humanidade, as forças para prosseguir amando aquelas pessoas que agora já não contam com a ajuda amorosa de Antônio. Amar, Angélica, seja lá qual for o preço desse amor!

– Será que conseguirei, dona Joanna?

– Teve um excelente professor: Antônio.

– Para onde o levaram? O que ele fez?

– Antônio se dispôs a amar os necessitados. Seja para onde for que o tenham levado, Deus estará com ele. O importante nesses momentos de provação é ter a consciência em paz, Angélica! E o

nosso amigo jardineiro a tem. O bem que semeou durante tanto tempo testemunhará por ele onde estiver, minha filha! Confiemos na Providência Divina.

– Estou tão cansada!

– *O corpo físico realmente se desgasta, Angélica, mas em espírito você está forte, muito forte com a proteção de Jesus.*

– Estou confusa.

– *Vamos caminhando aos poucos, minha filha! Como já disse outras vezes, somos espíritos imortais e herdeiros da eternidade. Não temos pressa. Vou auxiliá-la em seu retorno ao corpo físico. É preciso estar preparada para novas batalhas, Angélica!*

Foi assim que, aos primeiros raios de sol a penetrarem na pequena janela do quarto, a princesa despertou dando-se conta de que adormecera sobre o macio tapete, sem ter se deitado sobre a cama que a aguardava para o sono da noite.

Sem entender a razão, encontrava-se fortalecida para mais um dia de trabalho junto aos necessitados do povoado e ao pai de Antônio.

24

Os planos do rei

Com o sono da noite, Angélica levantou-se refeita da tristeza do dia anterior. Continuava firme na decisão de dirigir-se ao povoado para cuidar do pai de Antônio e dos outros necessitados a quem o amigo socorria. Ao cruzar o salão principal, o rei, estranha e inesperadamente, aguardava-a com um sorriso enigmático nos lábios.

– Já está indo cuidar dos farrapos humanos, como tem feito às escondidas todo esse tempo, Angélica?

– Não, meu pai! Estou indo cuidar de seres humanos em grande penúria e a quem posso socorrer de alguma maneira.

– Nem mesmo a prisão daquele jardineiro serviu-lhe de advertência, não é?

– A prisão de um inocente, meu pai, serve para consolidar as convicções que ele me ensinou.

– Parece até que você gosta mais de lá do que do castelo com todo o conforto que temos por aqui.

– No castelo não sou útil como sou junto daqueles necessitados, meu pai! Aqui até os súditos estão em melhores condições do que os infortunados do povoado.

– Sou capaz de apostar que você se sente melhor naquele lugar imundo do que em seu próprio quarto.

– Não me preocupo com o lugar, e sim com os sofredores, meu pai! Em meu quarto só vive sua filha, que tem de tudo e a quem nada falta.

– Se minha filha tivesse de tudo em seu quarto neste castelo, não precisaria procurar no lixo do povoado.

– Senhor! Não vou continuar a discutir com o meu rei! Respeito, mas não concordo com os seus pensamentos. Vou continuar a ajudar os necessitados, principalmente o pai de Antônio, que é totalmente dependente de alguém para sobreviver.

– Se algum dia se arrepender, lembre-se de que a decisão foi sua!

– Jamais o acusarei de nada, meu pai!

– Então siga o seu rumo, se é assim que você prefere. A escolha é sua.

Angélica carregava em vários baús os recursos que transportaria para socorrer os necessitados. Mandou preparar sua carruagem e seguiu em direção ao povoado.

Assim que a filha partiu, o rei ordenou a vários súditos que recolhessem todas as roupas do quarto de Angélica, as colocassem em baús e preparassem a sua carruagem.

– Capitão da guarda! – praticamente urrou o rei.

– Sim, Majestade!

– Prepare uma escolta. Vamos até o povoado.

– Até o povoado, Majestade?

– Sim. Deve ser um lugar muito bom, já que a princesa vive mais por lá do que no castelo.

– Mas, Majestade...

– Estou lhe dando uma ordem que não será discutida, capitão!

Dessa forma, o rei e a sua comitiva rumaram para o local onde Angélica estava exercendo a caridade entre os inúmeros sofredores que Antônio lhe apresentara. De repente, o povo começou a gritar algo que a princesa não prestou a devida atenção. Porém, como o fato se repetiu e foi recrudescendo, ela acabou por ouvir, pasma:

– Vejam! Aproxima-se uma comitiva! É o rei quem está vindo nesta direção!

“Meu pai? Vindo para cá? Fazer o que, se nunca ligou para estes abandonados por causa de sua insensibilidade?”, pensou imediatamente Angélica.

– É o rei mesmo! Está acompanhado por vários homens!

“Eles têm razão! É o meu pai! Só não consigo entender a razão desta vinda até aqui após tantos anos em que seu povo ficou abandonado, esquecido pelo egoísmo real”, continuava a pensar a princesa em busca de respostas para si mesma.

A carruagem real escoltada por vários soldados estancou bem no meio da praça. O povo aproximou-se curioso e temeroso por aquela atitude nunca antes vista. Que estaria o orgulhoso senhor daquele imenso território fazendo no local de tanta miséria? Era o que a maioria perguntava.

– Alto! – disse o capitão da guarda de braço direito erguido. – Aproximem-se, que o rei quer lhes falar – bradou o capitão.

E aqueles maltrapilhos, esfomeados, lesionados pelas guerras em que defenderam o reino, as viúvas com filhos famintos nos braços, os que não tinham mais nenhuma ilusão naquela existência foram se aproximando desconfiados, temerosos. Somente os leprosos mantiveram-se a distância. Caso se acercassem da comitiva real, corriam o risco de serem dizimados a golpes de espada ou atropelados pelos animais, mais bem alimentados do que o próprio povo.

O rei desceu da sua rica carruagem, que trazia detalhes em ouro puro, contemplando com ódio aqueles magotes humanos desprovidos de qualquer sorte perante a vida.

– Vim trazer roupas para todos! Sirva-se à vontade, povo do meu reino. As roupas que irão receber é uma doação da princesa Angélica, a amiga de vocês.

Dizia essas palavras com profunda carga de ódio, que conferia ao seu rosto um sorriso macabro. Então ordenou ao capitão da guarda:

– Capitão! Atire até a última peça dessas roupas de minha carruagem para este povo. Que não reste nenhuma delas. Elas pertencem a toda esta gente como assim é o desejo da princesa.

Percorrendo o olhar sobre os infelizes que se aproximavam, ávidos pelos tecidos nunca antes vistos, o rei buscava a figura da própria filha.

– Angélica! Sua vontade está sendo feita! Sei que está escondida entre eles. Apareça, princesa! Venha compartilhar a alegria de seus protegidos ao recolherem seus ricos trajes, que não soube valorizar!

– Tem razão, meu pai! Estou entre esses esquecidos pela tua bondade. Fico feliz que minhas roupas possam servir a muitos deles, que andam de corpos desnudos pelas noites frias do reino – era Angélica, que não se fez ocultar como supunha o pai.

– Agora a sua caridade está completa, princesa! Deu tudo o que tinha a essa gente. Deu-se até a si mesma. Renunciou ao castelo, ao seu pai, à sua mãe, ao conforto e ao título de nobreza com que a vida a agraciou.

– Aos meus pais continuo amando como sempre! Mas não posso ficar confortavelmente no castelo enquanto tantas pessoas padecem neste local.

– Bravo, princesa! – colocou o rei com ironia. – E para que você possa cuidar delas de maneira completa, eu, o rei e senhor absoluto deste reino, destituo-a publicamente dos títulos de nobreza a você conferidos!

Com os olhos fuzilando de ódio, dirigiu-se ao capitão da guarda:

– Capitão! Deste momento em diante não existe mais a princesa Angélica. Essa moça está destituída do seu título por minha ordem! Além disso, essa pessoa está terminantemente proibida de entrar no castelo. Está proibida de aproximar-se dele. Se ousar fazer isso, deve ser enxotada pelos homens sob seu comando como a um cão sarnento! Bem entendido, capitão?

Recebida a ordem inesperada e pública, o oficial vacilou por alguns segundos, o que levou o rei a indagar colérico:

– Bem entendido, capitão? Ou será que tenho que destituí-lo do seu comando e nomear alguém que me entenda melhor?

– Sim, Majestade! A vontade do rei é uma ordem que acatarei a qualquer custo!

– Assim está melhor, porque tenho outro serviço para você, capitão, mas não para este local e momento.

E, voltando-se com extremado ódio para os infelizes que detinham nas mãos os vestidos luxuosos de Angélica, arrematou:

– Povo do meu reino! Dei tudo de que precisavam! Até a minha própria filha! Malditos sejam todos!

Entrou violentamente na carruagem e deu ordem para retornarem ao castelo, não antes de encarar a filha e completar:

– Agora não precisa mais fazer nada às escondidas, princesa! Está onde sempre gostou de estar. Delicie-se com os seus protegidos. Você é uma desonra para mim como rei! Até nunca mais! Vamos, capitão!

Deixando um rastro de ódio pelos caminhos do reino por onde retornava, o rei rumou ao castelo. Angélica dava início ao seu calvário para servir por meio do amor aos necessitados da vida.

Chegando ao castelo, o monarca dirigiu-se a uma sala reservada, convocando Luiza e o capitão da guarda.

"De uma já me vinguei! Agora seguirei com o outro plano", pensava enquanto os convocados não chegavam.

Após a chegada dos dois personagens, o rei iniciou a conversa:

– Capitão, Luiza serviu-me vigiando a princesa desequilibrada que abriu mão de um castelo para morar entre os párias do povoado. Por isso, irei recompensá-la.

A jovem abriu um vasto sorriso e disse falsamente:

– Já estou recompensada por ter a honra de servir ao meu rei!

– É uma pena que a minha própria filha não tenha o seu modo de pensar, Luiza. Mas irei recompensá-la com um bom pedaço de minhas terras. O detalhe é que farei a doação em local distante do castelo para não dispensar curiosidades desnecessárias.

– Majestade! Quanta honra!

– Um rei justo sabe reconhecer a dedicação de seus servidores fiéis, Luiza! Vá arrumar suas coisas enquanto passo maiores detalhes ao capitão, que irá escoltá-la até suas terras.

A jovem saiu exultante da sala.

"Minha dedicação todo esse tempo vigiando aquela louca vai valer a pena! Terei minhas próprias terras! Enquanto isso, aquela imbecil foi deixada entre os estropiados do povoado. O que aquela princesa tem na cabeça? Apenas os lindos cachos de cabelos louros? Trocar um reino por um amontoado de pedintes?", pensava enquanto se dirigia apressada a arrumar os poucos pertences e partir rumo a sua nova propriedade.

Enquanto isso, na sala onde ficaram o rei e o capitão, o diálogo prosseguia:

– Capitão. O senhor se recorda da minha opinião sobre pessoas que traem, não é?

– Sim, Majestade! O senhor explicou-me muito bem que um traidor é alguém inconfiável. Nunca sabemos para que lado penderá.

– Aprendeu rápido e bem, capitão!

– Essa jovem Luiza serviu-me dedicadamente, mas traiu a louca da minha filha. Não digo isso por Angélica, que mereceu muito bem a atitude de Luiza. Apenas penso que essa moça é capaz de trair por interesses vários, principalmente por retribuições generosas, se me entende, capitão!

– É claro que sim, Majestade! Quem der mais terá a colaboração dela.

– Até mesmo contra o rei, desde que tenha uma recompensa que valha a pena.

– É um risco, Majestade!

– Como entendeu bem onde quis chegar, capitão, eis aqui a sua ordem com relação a ela: vai levá-la para bem longe, com o mínimo de homens possível. E que sejam homens de sua confiança porque, se comentarem alguma coisa, você pagará com a própria vida.

– Perdão, Majestade, mas não estou entendendo.

– Já irá entender, capitão! Você levará essa moça para bem longe daqui, vai executá-la e sumir com o corpo de uma maneira que nunca seja encontrada. Entendeu bem, capitão? É evidente que saberei recompensá-lo pelo nosso segredo. Mas lembre-se: se um dos seus homens falar, você responderá com a própria vida!

– Entendi, Majestade! Luiza deve ser morta e seu corpo desaparecer para sempre.

– Exatamente, capitão. Essa jovem deve desaparecer para sempre sem deixar nenhum vestígio. É capaz de fazer isso pelo seu rei?

– Sem dúvida, Majestade!

Assim que terminaram o diálogo, Luiza retornou à sala felicíssima.

– Pronto, Majestade! Recolhi as poucas coisas que tenho e estou preparada para partir.

– Muito bem, Luiza! O capitão já tem as suas ordens para levá-la.

– Como posso agradecer-lhe, Majestade?

– Quando precisar dos seus serviços novamente, mandarei convocá-la, Luiza. Vá. Suas terras a aguardam.

A jovem curvou-se em reverência perante o rei. Seu coração estava explodindo de alegria em seu peito.

"Saio deste castelo senhora de terras!", pensava enquanto se retirava da presença do rei em companhia do capitão.

O rei acompanhou com o olhar aquela jovem que caminhava em direção à morte.

"É muito bela! Tem até mesmo um porte de realeza. Quem sabe, se estivesse em lugar de minha própria filha, não teria dado uma princesa que honrasse o meu nome em vez de envergonhá-lo cuidando de mendigos? Trocando o castelo por um povoado abominável?", pensava o rei, coçando a barba e esperando por notícias que consumassem sua vingança contra todos aqueles que o desafiaram naquele tempo todo.

Durante todo o dia, Angélica continuou a servir aos necessitados. As coisas ficariam mais difíceis porque não disporia mais dos recursos que trazia do castelo, mas a sua companhia, as palavras de consolo não haveriam de faltar para socorrê-los.

"Nunca imaginei que meu pai chegasse a esse extremo de proibir-me a entrada no castelo! Não tem importância. Continuarei a atender o pai de Antônio e os outros de alguma maneira", pensava ela após o duro golpe sofrido.

À noite, cansada das emoções e do trabalho daquele dia que nunca poderia imaginar, Angélica adormeceu recostada a uma saliência de uma parede, sentada sobre o frio chão de pedras. Viu-se fora do corpo físico e ouviu novamente a voz conhecida:

– *Angélica, minha filha, como prometi, estaremos sempre juntas no serviço de amor ao próximo. Sei que recebeu duro golpe na manhã de hoje, quando seu pai, ainda prisioneiro do orgulho, da vaidade e do egoísmo, não soube poupá-la.*

– Dona Joanna! Como estou precisando do seu carinho e amparo, senhora!

Lágrimas silenciosas testemunhavam a dor que invadia aquele coração que fizera aquela opção pelo bem dos sofredores.

De nada valeram as tentativas da mãe da princesa junto ao rei. Ele estava inflexível porque se sentia senhor da vitória contra a própria filha e contra aquela que, apesar de ter lhe servido cegamente, espionando toda a movimentação da princesa, seria executada.

"Só me falta agora uma boa notícia em relação ao vagabundo do jardineiro, que, creio eu, logo virá pelo padre Victor."

25

As notícias chegam

O tempo continuou sua marcha inexorável, distribuindo a cada um segundo sua semeadura. Angélica continuava o seu trabalho de amparo aos sofredores no povoado. Dificuldades enormes eram vencidas com muito amor e uma boa dose de boa vontade do coração amoroso da princesa. Os encontros espirituais com Joanna se intensificaram, fortificados os laços entre as duas pelo exercício do amor. De dia, Angélica trabalhava junto aos sofredores encarnados. À noite refazia as forças com os encontros junto daquele Espírito amigo sempre presente. No castelo, o rei repelia o sentimento de culpa, mascarando-o com as aparentes vitórias de ter expulsado a filha para fora do castelo, como também ter eliminado Luiza, a jovem que o servira, traindo a princesa. Aguardava ansioso a vinda de padre Victor para ter sua vitória plena contra todos a quem julgava que o haviam desonrado na sua posição de rei.

Numa manhã, dessas em que tudo parecia só felicidade para o rei, foi anunciada a presença de padre Victor no castelo. Incontinenti, o monarca ordenou que o levassem à sua sala particular, hábito cultivado quando a conversa era mais reservada e censurada pela consciência de culpa que ele sempre procurava sufocar.

– Que bons ventos o trazem novamente ao castelo, padre?

– Majestade, estive acompanhando todo o julgamento do jardineiro para que o seu pedido obtivesse sucesso.

– E, então, o vagabundo foi condenado à morte pelo Tribunal de sua Igreja?

– Não, Majestade! As provas contra Antônio não possuíam a robustez suficiente para tanto.

O rei, irritado diante da notícia, comentou irônico:

– E o que a sua Igreja sugere, padre? Que esse miserável volte a trabalhar no castelo como um santo? Ou que eu leve rosas para ele onde estiver? Ou, talvez, que encha minha carruagem com moedas de ouro e leve ao povoado onde está morando minha filha para que, junto ao canalha, ambos possam distribuí-las aos pobres?

– A princesa está morando no povoado, Majestade?

– Sim! Eu a exilei naquele local do qual gosta tanto e retirei dela os títulos de nobreza. É como se fosse minha filha bastarda, padre!

– Santo Deus, Majestade!

– Está espantado, padre? Por que o senhor não faz uso da sua batina e se enfia naquele local para que vocês três, o jardineiro "santo", minha filha bastarda e o senhor, cuidem dos "coitadinhos de Deus"?

– Peço-lhe permissão de finalizar a notícia sobre o julgamento, Majestade!

– Vá! Vá! Diga logo qual foi o "prêmio" que a sua Igreja deu para esse criminoso?

– Como dizia, Majestade, não havia provas substanciais para condená-lo à morte, mas não ficou impune.

– Ah! E qual foi a "severa" punição que ele recebeu?

– Foi recolhido a uma prisão sem previsão de tempo, Majestade! Levei o seu testemunho perante o Tribunal, o que pesou muito na decisão dos julgadores.

– Prisão sem tempo definido?

– Prisão por período incerto, Majestade! O que pode significar para sempre! O senhor sabe que o depoimento de um rei pesa muito!

O rei animou-se um pouco mais e diminuiu a ironia que havia colocado na conversa.

– Posso ter a esperança de que ele não me apareça nunca mais por estes lados, padre?

– Com muita probabilidade, Majestade! Quase uma certeza!

O rei sorriu e coçou a barba. O padre aproveitou, percebendo a satisfação do monarca, para abordar o assunto de Angélica.

– Majestade, perdoe-me a pergunta: a princesa não vai voltar a morar no castelo?!

– Nunca mais, padre! Não sou como a sua Igreja. Quando puno alguém, não titubeio. Não fico com meias conversas! Está no local onde gostava de ficar em companhia do jardineiro. Então é por lá que irá ficar para o resto da vida dela.

– Perdoe, Majestade, mas...

– Padre! Antes que volte a defender a jovem punida por mim com a sua expulsão deste castelo, vou dizer-lhe como sou justo em minhas decisões! Reconheci o serviço que uma de minhas súditas me prestou. Não sei se o senhor a conhece, mas o nome dela é Luiza!

Foi fiel ao seu rei e doei-lhe um quinhão de terra do meu reino. O capitão da guarda foi levá-la tempos atrás para que tomasse posse de sua propriedade. Sei ser magnânimo com quem me serve, padre, se é que me entende.

– Luiza? Nas comemorações religiosas com que o rei agraciou seus súditos, ela não estava lá, Majestade? Era uma das acompanhantes da princesa. Uma jovem muito bela. Dizem as más línguas que até seria filha de alguém da corte, Majestade!

– Ela mesma. As más línguas, como o senhor diz, padre, falam mesmo nessa possibilidade de ser filha de um nobre da corte, já que a mãe era bonita quando nova e motivo de cobiça dos homens. O senhor sabe como é, não, padre? Apesar de não ser casado, não deixa de ser homem. Além do que deve ouvir no confessionário!

– Pelo que escuto no confessionário, posso imaginar, Majestade!

– Pois, então! A essa moça, que me foi fiel servidora, eu soube recompensar generosamente. O padre precisava ver como saiu alegre deste local rumo às terras que lhe doei! Parecia até uma princesa em direção ao seu castelo. Coisa que a minha própria filha não soube valorizar!

– Vejo que se orgulha muito dela, Majestade!

O rei aproveitou a colocação do padre para despistar futuras suspeitas que pudessem surgir sobre Luiza:

– Como não se orgulhar e ser reconhecido com quem lhe é fiel, padre?

Após algum tempo de silêncio, padre Victor ousou insinuar:

– Como lhe disse anteriormente sobre o caso de Antônio, Majestade, não posso violar o segredo do confessionário.

– Sim. Já me disse isso antes, padre! Mas onde está querendo chegar? Seja claro, homem!

– Não sei se devo, Majestade! Entretanto, quando observo como admira essa jovem de nome Luiza...

– Sim! Admiro! O que está querendo dizer? Desembuche, homem! Afinal, está diante do rei!

– O que tenho a dizer é segredo de confessionário que não posso revelar de quem eu o ouvi!

– Padre! Se não tem mais nada a dizer, então pode ir! Vou sorver mais uma taça de meu vinho em vez de ficar aqui vendo o senhor titubear, como um jovem adolescente, no que tem a falar.

– Está bem, Majestade! Vou contar o milagre, mas não o santo. Essa jovem de rara beleza é filha de um nobre da corte, Majestade!

– Que grande novidade, padre! Era isso que estava vacilando tanto para contar?

– E esse nobre é o senhor, Majestade!

O rei gargalhou histérico:

– Creio que perdeu o juízo, padre! Só um louco levantaria essa hipótese! Vejam só: Luiza é filha do rei!

Tornou a gargalhar enrubescendo mais do que a cor do próprio vinho em sua taça de ouro. Retornou totalmente desequilibrado ao assunto:

– Está louco, padre? A Igreja e o rei procuram conviver em paz auxiliando-se mutuamente, mas, se ousar injuriar-me, confesso que romperei esse acordo recíproco!

– Majestade! Isso que estou a revelar-lhe só tem a Deus como testemunha. Tenho guardado esse segredo há anos, que me foi contado em confissão. Não posso dizer-lhe mais detalhes, Majestade, mas Luiza, de quem tanto parece orgulhar-se, é sua filha bastarda, senhor!

– Voltou até o meu castelo para enlouquecer-me, padre? Deseja roubar-me a paz? Tornou-se meu inimigo por quê?

– Perdão, Majestade, mas julguei que, de certa forma, se orgulharia dessa jovem. Só tive coragem para tocar nesse assunto quando reparei que o rei dedicava-lhe uma grande dose de simpatia. Até mesmo de orgulho, Majestade! Pensei alegrar-lhe a alma ao revelar-lhe esse segredo. Luiza é sua filha bastarda, senhor, mas fique absolutamente tranquilo. Esse segredo morrerá comigo.

O rei apanhou a taça dourada repleta de vinho e saiu a derramá-la em direção à porta do salão onde conversavam, gargalhando como uma pessoa completamente fora de si.

Foi a última vez que padre Victor viu a figura do monarca. Meses depois, por toda a extensão do reino, corria a notícia à boca pequena de que quem realmente reinava era a rainha. O rei havia enlouquecido por motivos ignorados pelos médicos que o serviam na corte...

26

O castelo de luz

Os anos foram se passando. A neve da idade prateou os cabelos louros da antiga princesa, que já atingira os 60 anos de existência na atual encarnação. A vida de renúncias que se impusera em nome do amor ao próximo deixara marcas em seu rosto, que perdera a vivacidade de outrora. Apenas os límpidos olhos azuis permaneciam serenos como um dia de céu sem nuvens. O andar já não possuía mais o vigor de tempos passados. Mas o amor, esse, sim, permanecia inabalável.

Quando soube da perda de razão do pai, lamentou muito por ele. Depois, o desencarne do rei evocou em seu coração amoroso o perdão incondicional de filha dedicada: "Eu o perdoo do fundo da alma, lembrando as palavras de Jesus no alto da cruz quando afirmou que os homens não sabiam o que faziam! Meu pai também não!". E continuava a meditar: "Nunca mais se obtivera notícia de Antônio, mas, pelo tempo transcorrido, também já teria partido vitorioso em direção à vida espiritual! Seu pai partiu em meus braços, ouvindo palavras de bom ânimo para a viagem de retorno".

Angélica não se esquecera tampouco dos leprosos que foram partindo à medida que a doença evoluía. Tiveram a companhia incansável dela até consumarem o cálice de amargura que sorveram em suas dificuldades. Muitas viúvas conseguiram ver o filho amado crescer por meio da dedicação daquela moça, que diziam um dia ter sido uma princesa. O cansaço, afinal, chegara ao corpo físico de Angélica, embora o Espírito continuasse firme em sua dedicação.

Naquela noite especial em que as estrelas pareciam comparecer todas para enfeitar as telas do infinito, ela se sentia estranhamente cansada! Recostou-se a uma reentrância de uma parede de pedra fria, puxou a manta rota para aquecer o corpo e perdeu a noção de quando adormecera. Momentos depois foi despertada por uma forte luz em plena noite na Terra dos homens.

"*Meu Deus! Devo estar sonhando. Se procurei o descanso da noite para o corpo dolorido, como já pode ter amanhecido tão rápido?*", pensou a princesa ao abrir os olhos.

Olhou ao redor e nada viu. Apenas a forte luz que insistia em iluminar todo aquele pedaço de terra onde adormecera.

"*Mas o que está havendo, afinal?*", pensava confusa Angélica.

Olhou para o chão, onde recostara o corpo na saliência da parede, e viu a si mesma ali deitada.

"*Como poderia ser tudo aquilo? Um sonho em que estava ao mesmo tempo acordada?*", continuava a procurar explicações.

Foi quando, então, novamente ouviu a mesma voz de tantos e tantos anos e alegrou-se:

– *Dona Joanna! Mais uma vez nos encontramos para que eu alcance o socorro e continue nas lutas!*

– *Desta vez não, Angélica!*

— Não vai me auxiliar como tantas vezes o fez?

— Desta vez você não vai retornar ao velho corpo cansado das lutas do mundo. Você venceu a morte, minha filha! Está de volta à Casa do Pai!

— Quer dizer então que...

— Que a vida venceu mais uma vez a morte aparente da roupagem carnal. Você está conosco, Angélica! Não precisará retornar ao povoado. Não em um corpo de carne que se desgastou de tanto trabalhar. O serviço na seara do amor continua agora nesta dimensão da existência.

— Estão aqui todos os que conheci na minha vida?

— Estão nesse lado da existência, mas não necessariamente no mesmo lugar onde você está.

— E Antônio?

— Ah! Você verá o seu professor brevemente.

— E meu pai?

— Também poderá vê-lo se assim desejar.

— E minha mãe?

— Está se recuperando do retorno, Angélica!

— E aquelas pessoas a quem Antônio tanto ajudou?

— Muitos ainda permanecem neste lado. Outros já retornaram para a escola da Terra. Somos alunos sempre necessitados de aprender, minha filha!

— E esta luz? De onde vem? Por que brilha tão forte?

— Estamos na região espiritual onde existem os castelos de luz, que foram construídos com os tijolos do amor que enviamos para este lado da vida quando trabalhamos no bem.

— Ah! Sim. Parece até que já ouvi essas lições e estive neste lugar antes.

– Parece não, minha filha! Já esteve aqui e tomou a decisão de enviar os seus tijolos de luz, confeccionados pelo amor ao próximo trabalhando junto aos necessitados da Terra. Antônio foi seu professor dedicado.

– E a senhora também.

– Não. Apenas fui a amiga que lhe quer muito bem.

– E irei rever essas construções que brilham tanto, dona Joanna?

– Claro que sim. É para isso que está aqui. Vamos caminhar para que você se recorde dos seus primeiros contatos com a realidade da continuação da vida e com as suas consequências, boas ou ruins, de acordo com as nossas escolhas.

Joanna e Angélica iniciaram um passeio semelhante ao de muito anos antes. A antiga princesa foi reconhecendo os castelos maravilhosos construídos com os tijolos de luz pelas pessoas que trabalharam no bem.

– Dona Joanna, o castelo de Antônio deve ser belíssimo!

– Terá oportunidade de conhecê-lo por si mesma.

– E meu pai, onde está, senhora?

– Quer mesmo vê-lo?

– Sim. Eu o perdoei do fundo do meu coração.

– Que bom, filha!

Passando por um velho terreno invadido pelo mato e com uma choupana caindo aos pedaços, Angélica interrogou:

– Por acaso é aqui onde ele se encontra, dona Joanna?

– Não, filha! Infelizmente o antigo rei foi envolvido em seu próprio orgulho, egoísmo e vaidade. As pessoas assim não encontram espaço nem para habitar esta velha palhoça.

– E onde ele está, então?

– Caminhemos um pouco mais.

Caminharam por tempo difícil de ser precisado. Mas, a partir de dado momento, Angélica sentiu que seus pés tocavam em um terreno lodacento.

– Dona Joanna, isso aqui parece um pântano!

– Podemos considerar que sim, minha filha!

– E é aqui que meu pai está, senhora?!

– Temporariamente, sim.

– Aqui é o... inferno?

– Como já expliquei, o inferno não é um lugar em torno de nós, mas dentro de nós mesmos, Angélica! Seu pai está neste lugar para ter tempo de refletir sobre sua vida de egoísmo. A responsabilidade dele perante o povo que deveria favorecer durante o seu reinado foi muito grande. Infelizmente, o orgulho e a vaidade levaram-no a esquecer os seus compromissos. Julgou que a vida terrena nunca teria fim ou que nada existisse após o desencarne. Como seria bom que todos os que estagiam no corpo acreditassem na colheita em nossa dimensão, após a semeadura no mundo físico! Muitos males não seriam plantados no solo da existência e, por consequência, muitas colheitas dolorosas não seriam realizadas.

– Mas não consigo vê-lo, senhora!

– E deseja vê-lo, Angélica? Seu sofrimento é muito grande, como não poderia deixar de ser.

– Sim. Apesar de tudo, ele é ou foi meu pai!

Do corpo espiritual de Joanna, a luz se intensificou iluminando aquele lugar insalubre, e Angélica pode ver a figura irreconhecível daquele que fora seu progenitor na Terra. Estava todo deformado.

Uma espécie de barro viscoso escorria-lhe do lugar onde ficava a coroa e envolvia-lhe o restante do corpo. Suas mãos pareciam garras de um animal predador. O cetro que ostentara orgulhosamente entre os homens agora havia se transformado em uma serpente a se contorcer sem fim. Em volta dele, outros Espíritos o cercavam e açulavam-no zombando dele.

– Quem são essas criaturas a atormentá-lo, senhora?

– Muitos esquecidos do povoado não perdoaram o fato de serem ignorados pelo rei e agora o atormentam como um mecanismo de vingança, Angélica. Se prestar atenção, reconhecerá um dentre eles, que lhe foi bastante conhecido.

Angélica esforçou a visão e espantou-se:

– Meu Deus! É... É...

– Sim. É Luiza, minha filha! A sua dama de companhia mais velha.

– E por que ela está atormentando o meu pai? O que foi que ele fez a ela?

– Continua apressada como sempre! Volto a lembrar-lhe de que somos espíritos imortais e temos a eternidade pela frente. No devido tempo e gradativamente irá tomando contato dos fatos e comprovará como a Lei é absolutamente justa.

Angélica aproximou-se movida pelo amor que não deixara morrer pelo pai e beijou-o amorosamente na fronte. Por um instante, a figura irreconhecível daquele que fora rei no mundo dos homens experimentou um momento de paz. Com os olhos esgazeados procurou pelo autor daquele beijo, mas nada enxergou e, grunhindo palavras ininteligíveis, retornou aos seus tormentos anteriores.

– Não pode ver-me, dona Joanna!

– Não. Não pode. Sua realidade inferior o impede de vê-la. Contudo, continuaremos a visitá-lo por muito tempo até que apresente condições

de ser retirado deste local. Também não podemos esquecer-nos de suas vítimas, que agora buscam por vingança, atormentando-o. Não podemos nos esquecer de ninguém, Angélica! Todos somos filhos de Deus e dignos da sua Misericórdia e Justiça. Cada ovelha tresmalhada, sem nenhuma exceção, será reconduzida ao reduto do Pastor que é Jesus.

– Ah! Se compreendêssemos isso lá no mundo, como seria tão mais fácil não nos entregarmos ao mal!

– Espíritos que nos ensinam essa verdade sempre estiveram entre os homens, minha filha! Até mesmo Jesus! Mas a recompensa imediata, embora fugaz, obscurece a visão da maioria dos homens que continua a optar pelo erro e a sofrer-lhe as consequências.

– E minha mãe, posso vê-la também?

– Não convém. Está recolhida para o devido trabalho de recuperação em um dos nossos hospitais, Angélica!

– Hospitais? Aqui também eles existem?

– Para que você entenda mais facilmente, guarde o seguinte: tudo o que existe na Terra é cópia grosseira da realidade espiritual. Se lá os hospitais existem para recuperar a saúde dos doentes, aqui o mesmo acontece e de forma mais aperfeiçoada.

– Meu Deus! Quanta coisa nova e desconhecida!

– Não diria desconhecida, Angélica, mas temporariamente esquecida. Quando ficamos na escola da Terra, nos esquecemos da realidade da dimensão espiritual. Porém, aos poucos, ao voltarmos para a realidade da vida imortal, vamos recordando.

– E o meu professor, dona Joanna? Estou ansiosa para rever Antônio!

– Vamos retornar à região de luz. Lá você poderá revê-lo.

À medida que foram deixando a região semelhante ao pântano onde se encontrava o antigo rei e os Espíritos com ele envolvidos, a luz foi se tornando mais presente, até que atingiram de novo o clímax radiante da região em que Angélica encontrara Joanna. Os palácios eram deslumbrantes! As construções do mundo dos homens eram esboços malfeitos diante do que Angélica via ali extasiada. Para onde voltasse o olhar, a beleza se ampliava e a arquitetura se apresentava cada vez mais impecável. Até que, diante de uma dessas construções, Joanna parou e apontou com o dedo:

– *Veja, Angélica, quem está ali agachado!*

Era ele, Antônio, que, da mesma forma simples como trabalhava no castelo do rei enquanto no mundo, cuidava de belas roseiras que contornavam a entrada de um deslumbrante castelo.

– *Antônio! Meu grande amigo e professor! Quero abraçá-lo para matar a saudade. Meu Deus! Como me sinto feliz!*

E dizendo essas palavras correu ao encontro do jardineiro. Antônio também a recebeu com grande alegria e júbilo. Ficaram abraçados por alguns minutos como se um quisesse contar ao outro da felicidade inenarrável daquele reencontro.

– *Antônio! Está mais jovem, meu grande amigo!*

– *E a princesa continua bela como sempre!*

– *Continua a cuidar das roseiras neste lado da vida?*

– *Nas horas vagas, sim. Mas, graças a dona Joanna, tenho trabalho semelhante ao que tinha junto aos sofredores do nosso povoado lá do castelo! Irmãos nossos em sérias dificuldades deste lado da vida solicitam a nossa colaboração da mesma forma que no mundo dos homens. Onde exista dor, sem que nos caiba saber os motivos, podemos trabalhar de boa vontade em nome do amor, princesa!*

– *Você veio enriquecer o céu, Antônio!*

O jardineiro de outrora sorriu juntamente com Joanna, que também tinha se aproximado com a colocação da princesa.

— Ao contrário, princesa! É o céu que nos enriquece permitindo--nos trabalhar sem cessar aqui ou lá no mundo dos homens.

— Mas então você não fica aqui em seu castelo maravilhoso?!

— Nas horas vagas cuido de diversos jardins, princesa! Mas o trabalho em favor dos mais necessitados é exercido em regiões trevosas onde a luz se faz ausente e a dor está sempre presente.

— Compreendo. Dona Joanna levou-me para visitar meu pai, que está numa região dessas.

Entristeceu-se ao comentar o fato.

— Não fique triste, princesa! Seu pai não ficará lá para sempre. Só o tempo necessário para que o sofrimento trabalhe nele o desejo de renovar-se.

— Dona Joanna explicou-me isso também.

— Se aceitar trabalhar nesses lugares, estaremos reunidos como na Terra, a exemplo de nosso serviço no povoado.

— Seria para mim uma imensa alegria, professor!

— Ora! Deixe disso! Continuo sendo, com muita honra, um simples jardineiro que cuida das flores de Deus, princesa!

— Estou vendo! E, como fazia no castelo de meu pai, as flores desta sua moradia maravilhosa, que soube construir com o seu trabalho de dedicação aos sofredores do mundo, estão extremamente bem cuidadas!

— Está enganada, princesa!

— Como assim? Enganada? Discorda da beleza deste castelo ou das flores que ornamentam este jardim encantador?

— Absolutamente, princesa! Concordo com a colocação da maravilhosa moradia e com a observação sobre a beleza das flores.

— Parece até que estas rosas são as mais belas deste local de luz, Antônio!

– Também concordo, princesa!

– Ora! Então discorda do que, meu amigo? Em que eu estaria enganada?

– Eu não moro aqui. Este castelo não é meu.

– E quem é o felizardo que reside nesta obra maravilhosa?!

– Tornou a errar, minha amiga!

– Antônio! Por favor! Parece que está disposto a discordar de tudo o que digo!

– Só posso concordar com a verdade.

– E qual seria essa verdade, que não consigo adivinhar, já que discorda de tudo o que penso sobre este local?

– É que ninguém ainda mora aqui, princesa!

– Ah! Agora entendi! Seu futuro proprietário ainda continua a trabalhar no mundo e a enviar tijolos de luz para acabar sua moradia.

– Tornou a errar, princesa!

– Dona Joanna! Por favor, a senhora quer me acudir novamente? Parece que Antônio hoje está disposto a contradizer-me!

– Não, Angélica! Ele está sendo verdadeiro! O morador deste local ainda não tomou posse da sua legítima propriedade.

– E por quê?

– Por que ela acabou de chegar, Angélica! Este castelo foi construído com os tijolos de luz que você enviou todos esses anos para a dimensão da vida imortal, com o seu incansável trabalho no bem, minha filha! Antônio preparava o jardim da sua moradia para recebê-la! Em verdade, Angélica, os castelos são constituídos pelas consciências em paz dos que souberam abraçar o amor e relevar o ódio nos corações dos seus semelhantes. A luz que vemos nada mais é do que a luz interior

projetada pelos valores conquistados por meio do trabalho na seara da caridade. Você, Angélica, é a legítima proprietária desta construção de luz representada pela sua consciência em paz pelo dever retamente cumprido. Seja muito bem-vinda à nossa dimensão e ao trabalho no reino do Criador!

Angélica olhou para Joanna, sorriu, esfregou os olhos azuis e murmurou:

– *Ah! Já sei o que está acontecendo! Estou tendo mais um daqueles sonhos em que dona Joanna vem me socorrer para que eu desperte renovada e prossiga trabalhando em nome do amor de Jesus.*

E adormeceu suavemente nos braços de Joanna. Só que, desta vez, não foi mais reconduzida ao corpo, mas a regiões de refazimento que fizera por merecer após sua recente jornada terrestre.

Ao terminar a leitura deste livro, talvez você tenha ficado com algumas dúvidas e perguntas a fazer, o que é um bom sinal. Sinal de que está em busca de explicações para a vida. Todas as respostas que você precisa estão nas Obras Básicas de Allan Kardec.

Se você gostou deste livro, o que acha de fazer com que outras pessoas venham a conhecê-lo também? Poderia comentá-lo com aquelas do seu relacionamento, dá-lo de presente a alguém que talvez esteja precisando ou até mesmo emprestá-lo àquele que não tem condições de comprá-lo. O importante é a divulgação da boa leitura, principalmente a da literatura espírita. Entre nessa corrente!